古城拾遗 李善雨◎著

时代出版传媒股份有限公司

安 徽 文 艺 出 版 社

　　李善雨，1941年生，中共党员，太和县旧县镇老顺河街人。少年读书，于1961年毕业于太和县水利学校。后先后工作于太和县水利局、园艺场等单位。1988年，在太和县政府开办的薄荷油经销公司任业务经理；1990年，任太和县农药厂厂长兼安徽农化新技术研究所副所长；1996年，太和县农药厂改制，任董事会董事长兼工会主席，兼任与安徽农业大学联办的合肥新农化有限公司副董事长兼经理（法人）。2000年返回太和县农药厂工作至退休。曾担任太和县商会副会长、太和县供销员协会副会长等职务。2012年任旧县镇书画院常务副院长、法人代表。

　　工作期间，多次获得中共太和县委、县政府，阜阳行署，安徽省经济委员会，安徽省科学技术委员会及安徽省乡镇企业局等各级单位的表彰与奖励。

GUCHENG
SHIYI

李善雨◎著

时代出版传媒股份有限公司
安徽文艺出版社

图书在版编目（ＣＩＰ）数据

古城拾遗/李善雨著.—合肥：安徽文艺出版社,2019.1（2023.4重印）

ISBN 978-7-5396-6342-5

Ⅰ．①古… Ⅱ．①李… Ⅲ．①文史资料－太和县－文集 Ⅳ．①K295.44-53

中国版本图书馆 CIP 数据核字(2018)第 074535 号

出 版 人：姚 巍

责任编辑：宋潇婧　　　　　　　　　装帧设计：张诚鑫

出版发行：安徽文艺出版社　　www.awpub.com

地　　　址：合肥市翡翠路 1118 号　　邮政编码：230071

营 销 部：(0551)63533889

印　　　制：阳谷毕升印务有限公司　　(0635)6173567

开本：880×1230　1/32　印张：6.875　字数：150 千字

版次：2019 年 1 月第 1 版

印次：2023 年 4 月第 2 次印刷

定价：68.00 元

前言

常言道，人过四十不学艺，而我是以七十古稀之年，写下这部《古城拾遗》。这对学者、作家来说，不费吹灰之力，可对我这个一辈子经商，又是水利学校毕业的中专生来讲，真是费了九牛二虎之力。历时 18 个月，总算完稿。写得好坏暂且不说，平心而论，我辛勤一生、劳苦一辈，应该安安静静地度过晚年，享个清福。可我不是这样想的。我认为，不论任何人，官职再高，权力再大，钱财再多，头脑再灵，运气再好，都无法改变生死之公平。人老是自然之规律，生老病死是人类绕不开的路，非走不可。不过这一切不是一成不变的。也就是说，人老了更要自爱、自尊、自惜，更要慎重地把握自己，因为有些事理不是固有的，有时也不会以人的意志为转移，处理不当，结果不可想象。因此，人老了也不要光闲着，闲长了不但易生病，而且易思想僵化。人老了也要想着多干点有利于他人和自己身心健康的事，虽不能再给后人出大力，但也不要给后人添麻烦。要自找乐趣，平平安安、快快乐乐地多活几天。人死不能复生，夕阳贵似金，老年人精神愉快是高级享受，身心健康是最好的享福。要知道，坟墓中从不存在欢乐和烦恼，人死后，一切是空。沧海桑田，随时而推移。人老了，有了清闲时光，增添了淡泊名利的思想，有了丰富的人生资历，有了成功、失败的经验，有了回忆幸福和苦恼的时间，有了觉知内疚和自豪的敏感，有了随性的资格，有了自省的本钱，也有了享受生活的权利。我出生、成长在不同的新旧社会，想把我一生经历和耳闻眼见的风土人情、民俗规矩、世俗文化、乡情、乡愁，人类的进步，社会的变迁和发展等，以自己最大的努力，整理出来，传给后人。

旧县历史悠久，文化底蕴深厚，风土民情、世俗民规既丰富，又多变。新旧社会变化大，有比较，才能有鉴别；有鉴别，才能知好坏，才能量高低。通过新旧社会的事实对比，人们会知道社会发展之快，国家进步之速。并且，我也觉得，先人留下的好多世俗民情，如族规、家训、家教、家风等都是瑰宝，但由于多种因素，现已面临遗失，被人遗忘。可幸的是，习近平主席告诫我们，要重视家庭建设，注重家庭、注重家教、注重家风，紧密结合培育和弘扬社会主义核心价值观，发扬光大中华民族传统家庭美德……我认为自己有责任把知道和经历的，通过我个人的角度记录下来，让后人能够对地方历史多些了解，知道发生了哪些变迁，了解新旧社会不同的制度，人民得到的不同的"享受"，使我们的后代更热爱共产党，坚定永远跟党走的信念。这就是我的心愿。

不过，我自知学识肤浅，水平有限，又长期偏于一隅，孤陋寡闻，难免差错百出，还多望专家、学者、各界贤达和乡亲们多加批评指正。我是学而时习之，愿静听良言，以便改正缺点。

我在写作的过程中，得到了赵焕吾、高灿山、肖玉磊老先生的鼓励和指点，以及各位亲朋好友的帮助支持，在此谨表示衷心的感谢。我还想续写1949年中华人民共和国成立后这一段，还望各界老师、亲朋好友、乡亲旧邻、作家、学者及在旧县工作过的老领导多给予支持。我仍然想在艰难的道路上奋勇拼搏，继续努力。最后，我还要对感兴趣阅读拙作的读者，谨致谢意。

序

李善雨先生敬请我为他的《古城拾遗》一书作序，实感为难，因为我没有这方面的经验。不过草阅《古城拾遗》书稿后，使我不由自主地提笔，写出序言。我早耳闻李善雨先生是企业家，但对他没有深刻了解，更从未听说他写过什么著作。真的，这《古城拾遗》是他在七十余高龄写的处女作。我调旧县镇工作不久，对旧县的历史、风土人情等了解甚少，今阅其著作，使我惊喜，也使我深感李善雨先生写出此书真是不易。《古城拾遗》概述了旧县古镇的历史，古镇风情，民俗与规矩，族规、家规、文化、传统等。书中的传说故事和旧县的名优小吃等，写得有声有色，有趣有味，不但弥补了旧县史志的短板，也丰富、充实了旧县历史章篇。可以说上至古稀老人，下至青少年，阅后都会受益匪浅。因为本书内容对政治、经济、人文、风情等的描写不但丰富多彩，也符合中华民族的传统及现代人的阅读喜好。举一例，李善雨先生的老年人生观：夕阳贵似金，健康是最好的幸福；心情愉快是老年人最好的享受；老年人能动则动，要尽其余力为社会多做点贡献，不要为子孙和社会增添麻烦。这些真心之言使我深受感动。李善雨先生写《古城拾遗》真是用尽心思。本书工程浩大、知识全面，不但内容翔实丰富，迎合民众意愿，语言也通俗流畅。我从内心感叹、敬佩李善雨先生在晚年历尽千辛万苦，寻根求源、尊老访老，写出《古城拾遗》一书。可以说本书的问世对旧县镇有着很大的意义，我感谢李善雨先生为此做出的贡献，并真诚地推荐大家阅读，也来总结自己人生的经验。

本书即将出刊，我草作此序，望请诸家批评指正。

唐永利

中共太和县旧县镇党委书记

太和县旧县镇人民政府镇长

2017 年 6 月 16 日

片言

"参天之树，必有其根；环山之水，必有其源"。浸润着北宋宣和千余年来文化的灵气和血脉，吸吮着这一方厚土的营养和灵蕴，富有激情和梦想的旧县人艰苦创业，砥砺奋发，以旧县人特有的忠诚、勤勉和智慧开创出自己的成功天地，用睿智和才干抒写着旧县绚丽的华章。

李善雨先生便是这片热土上的佼佼者。

李善雨先生曾经跟我说过，无论您远在天涯海角，无论您事业之树高逾千尺，您手里一定要紧攥着一把家乡的泥土，才能"接地气"，成就大事业。故而，在为家乡殚精竭虑，鞠躬尽瘁的奉献之后，李善雨先生贾其余勇，遍寻旧县史实，走访遗老尊长，青灯黄卷，历经数载，编纂了这部《古城拾遗》。至此，邀我为此撰一序引之文。我对方志纯属门外，本难胜此重委，但怀着一片对孜孜不倦为家乡修志的李善雨先生之敬佩之情，又因为我生于旧县城关，对家乡的深切感情让我难以辞谢委嘱之重，故而勉以随想小记式的文字聊报雅命，实不足以当序文的本义。

这部《古城拾遗》应属地志、方志类别了，是史、志相综合的形态，因为内容以地为"纲"，而记载天时、地利、人文之"三才"，既符合中华哲学思想"天人合一"的智慧认识，也是中华文化的一大思想精神体现。捧读先生的《古城拾遗》，顿觉朱墨灿然，笔削斑斓，感慨此书工程的浩大与艰巨。何等辛苦自不必说，且又须具备相当的学问与功力，不能不说先生矢志不渝的难能可贵了。

之所以说《古城拾遗》的工程浩大，从先生的编排时序略见一斑。纲目中有概述、古镇风情、民俗、家规族规、地方习俗等等，还有旧县的故事、传说、名优小吃，包罗万象，不一而足。既有上溯历史沿革的考证，也有描述贩夫走卒生活的记述；大到记载了刘邓大军古镇浮桥渡河的艰险困苦，日本侵略者占领旧县的滔天罪行；小到旧县人的生活习惯，怒打恶人花迪生的趣事，当然还有脍炙人口的传说，甚至旧县集上的庙会众生相也描写得似班荆道故，栩栩如生。

盛世修志，为明时盛事，《古城拾遗》旨在认识和研究旧县的镇情、地情，记述历史发展规律和成败得失。李善雨先生以中国共产党十一届三中全会以来的路线、方针、政策为准绳，实事求是地记述家乡旧县的自然、社会、政治、经济、军事、文化、人文、风土等方面的历史纵横，系统地反映了旧县面貌，堪为一部地方的百科全书。

纵观全书，其资料广征博引，文字反复修订，点滴据事实录。寓成功过失，分是非曲直，彰盛事、志伟绩，展示经验教训，反映客观规律。先生的文字简明通俗，真实地反映时代特点、地方特点和人文特点，是一部进行镇情教育的好教材。

自古以来，旧县人的祖祖辈辈就在脚下这块土地上繁衍生息，历尽艰辛，励精图治，经过旧县人民一代又一代的努力，时至今日，旧时荒凉贫瘠的穷乡僻壤，现在已是车水马龙，高楼林立，一片繁荣昌盛之景象，旧县人就此谱写了时代的文明乐章。《古城拾遗》旨在牢记前人的史绩，继承前人的辉煌，铭记前人的教诲，激励旧县人民将明天建设得更加美好。

感谢李善雨先生。

今者本书即将付梓，忝为序者，略贡贺词，敬请方家不吝赐教。

崔波

中国作家协会会员

中国电视剧编剧协会委员

安徽省散文家协会副主席

二〇一七年五月二十一日

目录

第一章

史海撷珍

第一节　古城

悠久的历史

现安徽省太和县的旧县镇，坐落在太和县城北四千米，105国道和308省道交汇处以西。原旧县古镇建在淮北大平原，南靠沙河，西有万福沟，东有谷河，东北角有东西两贤沟（又称二贤沟）。

相传早在三国时期，曹操大将邓艾率兵南下伐吴，屯兵旧县小东门外，凿井饮马，立有"邓艾饮马池"之碑，此碑在20世纪初还有，现已遗失。不过井还存在，被当地农民韩老五保护起来。旧县古时有五门五关十大庙（实际为十一座庙），入城需走槽子路（即洼大路），又必经庙门口。槽子路，路面比两侧地面低六七尺有余，从两侧地面看不见路上行人，俗语"千年大路走成河，百年媳妇熬成婆"，可见旧县槽子路形成之久。

现有古迹清真寺、玉皇庙井和火神庙井、邓艾饮马池，基本保存完好，部分南城墙及护城河和槽子路还存在，由此可见历史悠久。

据说最早居住在旧县的是翟湾人，其他大都是在宋、元、明、清时期从山西、陕西、山东、河南、河北等地迁移来的，以汉族、回族为主。汉族以朱、陈、李为大姓。如李氏家族在明洪武年间从山东迁入泰和，辈分为"思光宗祖，秉心正良，善承克迪，万世永昌"，有东城系朱、陈二家，西为半边城李家之说。其次为张、赵、王、刘、范、丁、姚、马、韩、袁、史、翟、杨、崔、邵、许、徐等氏族。据白东晓、许廷礼、袁佩玉等老人讲，白姓等回族是从怀庆府迁于开封，后在元朝又从开封迁辖口，即泰和县。白姓原姓拜，由于此字复杂，就改为姓白，在回族中相传，白、拜不分家。回族人占旧县总人口近五分之一，大都居住在北大街、中大街、西大街、北关外及附近的丁杜庄、小李庄、闪庄、高小庄、李子元等处，姓氏以白、许、袁、闪、马、李、姚、张、刘、金、赵等为主。

历史记载，开宝六年（973）十一月，析汝阴县北万寿等五乡置万寿县，县治百尺镇（现太和县原墙镇）。宣和元年（1119），更名为泰和县，移治于今旧县镇。泰和县，元初废，大德八年（1304）复置，移治于今址城关镇，取《易经·乾卦·象辞》"保合太和，利乃真"之义，改名太和县。旧县古镇人杰地灵，文化底蕴深厚，风土民情、世俗民规丰富多彩，水陆交通发达，工商业繁荣，是一座具有千余年历史的名镇。

古名"辖口"

很早以前，河南的周口、沈丘、商丘，安徽的界首、临泉、涡阳、蒙城、阜阳、亳州、蚌埠、六安，以及南京、上海等，只要了解太和旧县的人，都知道旧县以前是辖口县。至今上了年纪（70 岁以上）的老人还有这样的说法。宋宣和元年（1119）万寿县县治由百尺镇移至今旧县镇，更名为"泰和"；元朝大德八年（1304）复治现城关镇，改为太和县。至此，太和就出现了新县城和旧县城之说，但在百尺镇之前，旧县叫什么名字，在什么地点，从没有记载。没有记载不等于没有实际地名，试想，北宋末期财政困难，当地政府（顺昌府）及中央政府（开封府），随意在某处新建一个县城，那可能吗？

相传在更早以前，沙河还是一条小河时，河边的一个乡村叫辖口。当时河虽小，但毕竟给两岸货物的运输带来不便，因此这个乡村就担负着小沙河两岸的货运之重任。在《说文解字》中，"辖"是横穿车轴末端控制车毂的插门。传说最初辖口人推车运货的多，辖口当时也就是从沙河南岸运货至北岸的人员集中的一个乡村，就是现在的旧县。

旧县的老年人大都知道，民间流传着这样的故事：在很早的年代，辖口（泰和）出了一个王老道，在茅仙洞修行，后成了仙。一天，几个辖口人到茅仙洞进香朝拜，看殿堂一边坐着一老道长，白发苍苍，闭目养神。众人上前问老道长："请问有位辖口王老道在此出家，现在何处？"老道长听后，反问道："你们从哪里来，找他何事？"众人答说："我们从辖口来，是他的老乡，特地前来看望王老道的。"老道长说："我就是，谢谢老乡！你们怎样到这里的？走了几天路，累了吧。"众人说："我们驶船而来，不累。"老道长一听惊奇地问道："从什么河过来的？"众人齐答曰："从沙河驶船而来，我们辖口现在叫'泰和县'了。"王老道吃惊地说："乖乖，我在家时，它还是个小泥沟。"

北宋清官包拯任职于开封时，以清正廉洁著称，执法严峻，不畏权贵，为政严明，断诉公正。他的事迹流传民间，小说、戏曲多多宣扬。传说包拯有一子，性格怪异，大人叫他上东，他偏上西；叫他打狗，他偏撵鸡，办事总和大人反着干，人起一外号"要么"。公元1062年，包拯病危，众人议论，包大人是个清官，人们需要他，他死了人们盼他早日转世（以前生死循环、转世投胎是盛行之说，在现在看来是迷信），议定做一铁皮棺材，将其下葬于陈州城（今河南省淮阳县）海子里，经水流腐蚀，棺材会很快腐朽，包大人就能及早转世。可有人提出，"要么"性情古怪，他不会听的，一旦他把铁改为石怎么办？大家一想是呀，那不然就跟"要么"说，叫他订一石材棺，放入陈州城海子里，这样"要么"非制铁料不可。包拯死后，大家告知"要么"，说你父亲临死之前，叮嘱与你，他死后，要你用石料做棺椁，放入陈州城海子里。出乎意料的是，"要么"真按此去办，制一石料棺椁，下葬于陈州城海子里。他一生就听了这一次话。没奈何，从此以后，从颖河、沙河前往陈州城海子的每只船都要用船篙向最低处捅上一篙，意在把石棺尽早捅一洞，望清官早日转世。这虽是一传说，但可说明两个问题，一是人民对清官的爱戴和期盼；二是颍河在宋代已成为通往陈州、开封的较大的水运河，承担着将南方富庶之地物资运往京师的水上运输重任。

有关旧县原叫辖口之说，还可以参考胡天生先生收录于合肥工业大学出版社 2008 年出版的《淮河文化纵论》一书中的《读懂汝颍古河道——汝颍乱名八百年解读》。文中这样记述：

《明史·地理志》云"郾城大潵水即故汝水"。以地图合之，汝水过郏县至襄城，其流始大。东流经郾城会沙河，至周家口（今河南省周口市）与颍合流……襄城之东为陈州附郭之淮宁县（今河南省淮阳县）曰汝颍交流，又东为淮宁之周家口，自此而下，汝颍合流，统名为沙河……

郡名颍，颍其浸（主要河流）也。西自项城来者曰颍，西北自太和来者曰沙……河称沙而县与镇皆以颍名，可知沙河即颍河也……宋太祖诏发陈（淮阳）许（许昌）丁夫万人濬蔡河入颍者，此已与沙合之颍河也。自颍歧口（即今周口市。《明史·地理志·河南》卷"陈州"条云：陈州"西有沙水……至颍歧口与颍水合，下流分为二。"沙颍合流处正在今周口市境）又分为二：一支东南流，迳南顿入沈丘县境至项城县之赵家渡，过乳香台（今沈丘老城镇南泉河北岸）、迳沈丘镇（今临泉县城）至颍州城东北之三里湾；一支东流，过新站迳故项城即槐店（槐店，今沈丘县治，旧为项城县治），由沈丘北新安集历太和县亦至颍州城东北之三里湾。此颍与沙合而又分，分而又合之颍河也……

在这里，修志者提出，西自项城来者为颖河（就是指今天的泉河），而西北从太和来者为沙河（就是今天的颖河。界首、太和和老阜阳人也叫它沙河）。

道光《阜阳县志》……颖水三源：中源出登封县少室山，左源出山之南，右源出西南之阳乾山……东过禹州，迳襄城、许州（许昌）、临颖、西华、商水、淮阳、鹿邑（按：颖水不经鹿邑，应为项城）、沈丘至本郡太和县，自（阜阳）县北迤西之刘兴集入（县）境……境后东行三十里入太和界，由两河口复入（阜阳）县境。

这里，李复庆先据《水经注》厘清了颖水源委，指出经太和入县境的沙河才是真正的颖水。同时把泉河改称"小汝水"，并记录了小汝水的流向。摘录如下：

小汝水（原注：旧志名颖河，河南省府名志小沙河，俗名泉河。据《水经注》，实汝水枝津。）……河旧通颖水，汇流处名颖歧口（原注：世以汝水为颖水，殆因此而误也），今已淤。又东南至沈丘县始河口，泥诸河水自西来注之……而谷河（谷水）则发源于商水县颖河南岸李埠口附近，上游在《河南省通用地图册》上叫运粮河。

我之所以节引上文，主要想让大家了解，在以前，颖河两岸自河南、周口（颖歧口）经商水李埠口、沈丘始河口，向东过辖口到两河口。从周口到两河口，在一百余千米的颖河两岸出现五个带"口"的地名，那么旧县原名"辖口"也在情理之中。

"辖口县"的由来

宋朝宣和元年（1119）当时的县府由百尺迁移至辖口，更名为"泰和县"。迁县首先把县衙、监牢等机关都迁移到辖口来。当时，老百姓认为"坐县长"的地方就是县城，跟"坐天子"的城池统称为"皇城"一样，因此，人民群众顺理成章地叫"泰和县"为"辖口县"。"泰和县"的称呼只有官方或识书懂政的人知道，当时县府进贡椿芽就称"泰和贡椿"。叫泰和县名的时间不长，只有100多年。到了元朝，1304年，迁至现城关镇，又改名"太和县"。从此就出现新、旧两个县城之说，旧县被载入史册，而"辖口"失记。

关于寇准"坐辖口"，民间有两种传说：一是寇准坐辖口县七天七夜，被传进京审潘、杨两家官司；二是寇准在辖口接圣旨，七天七夜赶回京城审潘、杨两家官司。作者以为第二种是可能的，也是真实可信的。寇准（961—1023），字平仲，北宋华洲下邦（今陕西渭南）人，北宋宰相。北宋时期，颍州属京西北路，虽为小郡，然而紧邻京畿，水上交通便捷，是许多初入仕途的官员向往的美地，也是高级京官贬官时的首选之地。宋代乃至整个中国历史上许多著名人物如蔡齐、晏殊、欧阳修、吕公著、范仲淹（病故于赴任途中）、苏颂、苏轼（苏东坡）、周邦彦等都相继出任颍州知州或顺昌府知府。当时，颍州（顺昌府）不论在经济、军事、政治上都是北宋时期的一个重镇。尤其是南宋绍兴十年（1140），知府陈规率领顺昌民众与东京副留守刘锜所率三万八字军协同作战，重创拜盟南犯的金兀术的十五万精锐部队，挫败了金兵的嚣张气焰，遏制了金兵南侵的势头，史称"顺昌大捷"。就因为这样，顺昌府迎接一朝大员（正、副宰相）到此视察也就不足为奇了。寇准去顺昌府，在当时不论从水路还是陆路，辖口都是他的必经之路，从北陆路他可从开封经朱仙镇、陈州、项城、沈丘至辖口直到顺昌府。寇准刚到辖口时，就接到圣旨，要他速回京城，审理潘、杨两家的官司。至此民间留下传说，寇准到辖口，七天七夜返回京，是合情合理的。

民间习惯性地流传了很长时间，"辖口"名字到1304年迁于"太和县城"后，人们普称"旧县"至今。直到20世纪初，太和、界首、阜阳、亳州等地的老年人还都说旧县原来就是"辖口县"。历史习惯一旦形成，是很难改变的，但作者认为该说法有误。因为辖口历来属过胡国、陈留、细阳等直属区，辖口离它们最远也不过四五十里路之遥，尤其距陈留不到十里远，怎么能设辖口县呢？另外如若辖口是县的话，史书就不会记载从细阳迁治于旧县了。寇准死后96年，万寿县（细阳）迁治于辖口（旧县），为"泰和县"，那更说明，寇准到辖口时，辖口在经济、交通和军事上都已经超越了细阳。至于历史失载，正如胡天生同志在《阜阳考古录》中所说，是由于长期以来，文化的断层、河道的迁徙、黄河的窜乱、地名的变更和消失造成的。在史书上不但"辖口"消失，就连"泰和"故城的五门、五关、十大庙和独特的槽子路等有关"泰和"县的情况都难找到记载。我还是这样认为，没记载不等于没实事，民间传说不会百分之百地正确，但它绝不会无中生有。我们应认真、严谨、系统地去追根求源，抱着对历史负责的态度来分析民间传说，来个求真去伪、尽复原貌。

颖沙河水上运输的兴起是迁移万寿县的重要原因。

古城变迁

泰和县城时期，城池是四门四关（即东门东关、北门北关、西门西关、南门南关），后因沙颖河河水泛滥和河身拓宽，大南门和南关陆续塌陷，后开建小南门、小南关，人们习惯称五门五关。后来，还只有四门四关（即东门东关、北门北关、西门西关、小南门小南关）。

古代建城池讲究风水，相传旧县的风水是风口西北，水口东南，即风从西北进，水从东南出。城池原设五关五门，又建有五座庙。东门有火神庙，建于明朝。北关外建有奶奶庙（娘娘庙）。西关外有三官庙（道教），建于清代，后系李氏家庙。南关有龙王庙，始建不详。小东关外有东岳庙。

东岳庙规模很大，有山门（庙门）、厢房、大殿房屋百余间，僧侣近百人，庙地几百亩。东岳庙香火兴旺，庙内还设有阎王殿。栩栩如生的小鬼小判，对生前打公骂婆、不孝敬父母的儿女和媳妇，下油锅、过奈河桥等，并暗设机关（暗器），进门一不小心动着机关，将被绳索套头，特别阴森可怕。以前老人经常警示人说：一人不进庙，怕触动机关；二人不观井，怕被人推入井中杀害。东岳王为铜像，内藏金心。

在龙王庙东南角有小（花）玉皇庙，后塌河中。东门外有小关帝庙，镇西北角有大玉皇庙，建于明代，庙院内有一人合抱粗的松柏。海子沿街有小铁佛寺。旧县河南岸王湾的奶奶庙，建期不详。

旧县古称五门五关十大庙，实际有十一座庙：龙王庙、花玉皇庙、关帝庙、东岳庙、火神庙、小关帝庙、奶奶庙、玉皇庙、铁佛寺、三官庙、王湾奶奶庙。全年有四大庙会，分别是正月二十二东岳庙，三月三沙河南岸王湾奶奶庙会，三月二十八关帝庙会，十月二十二东岳庙会。除王湾奶奶庙会外，由于东岳、关帝庙的消失，逢会时，人们都到白果树烧香祭神，统称白果树会。龙王庙对岸还有山陕会馆。北关内有清朝康熙十六年（1677）建的清真寺，已成省级文物保护单位，现保存完好。火神庙街南头建有朱氏祠堂，后花园内有一"同善社"。

传说辖口是一块风水宝地，系龙头凤尾之象，龙头就在龙王庙后（即原先的大街口处），凤尾在西关外三官庙前，龙头吸东海水，凤尾摇摆昆仑山。它的风水之处在龙头与凤尾，即龙王庙到三官庙，中间是顺河街，地程相悬近丈高。别的地方都是西高东低，唯有旧县这段东高西低，只有一里之遥，就悬殊丈余。另外此地北有凤凰台（即后有山），南有沙河（即前有水），古人讲它是块风水宝地。

1933年农历六月二十三日土匪火烧旧县集后，由李正坤当"寨长"，重建城墙、城楼和护城河（也叫寨海子）。并在城墙的西北角北城墙、东北角及朱祠堂后建四座炮楼，炮楼高达20余米，二层砖木结构，四方形，可容纳二十余人。城门楼石基砖墙，高10余米，宽7余米，拱形，外有吊桥，两扇大木门。升起吊桥关住大门，行人难入。城门楼和炮楼都设有大炮（本地叫火冲子，是一个1米多长，直径约40厘米，生铁铸成的圆筒，里边装有火药及铁渣等，能射到20米以外，有一定的杀伤力，中华人民共和国成立后都还存在）。东、北、西护城河宽 50 多米，水深 2 米多，南边靠沙河，绕旧县城墙四边而建。古城威武雄壮。

古城内有东大街、中大街（顺河街）及北大街（后叫碗店街），形成丁字形街道。这两条主干道都是青石条铺路，从东大街向东南"小东关"是条七十二座磨盘街，有七十二盘红石磨坯子铺成，是通往白果树及县城的必经之路，火神庙向南，到沙河边是火神庙街，后南头又叫磨行街。碗店街东有金家后坑，西边有后花园坑。那是按风水"有水则灵"的学说而建，为古镇的"肾水"，求灵气之旺。两坑以前都有水，清澈见底，每逢夏秋季，真是荷花满塘，菱角满坑，鱼儿畅游，鸟语花香，风景怡人，一派兴旺之景象。旧县城外有小东关街、东门外街、北门外街、沿海子崖街和新街，从东大街、中大街到西大街直延伸到翟湾，号称旧县三里地的长街。顺河中街与北街在栅栏门汇合处形成丁字形街道。中华人民共和国成立前在顺河中街设伪镇公所，向西路北有朱家胡同、花园小路和李家胡同，是后花园人通往顺河大街的通道。

古旧县镇是兵家必争之地。行军走洼大路只见狼烟不见人马，是军事家根须所建，历史悠久，修建具体时间无法考证。早在 1140 年顺昌知府陈规与东京副留守刘锜重创金兀术精锐劲旅，史称顺昌大捷。金兀术被赶到沙河以北，与宋军相持数十年。

1947 年，刘邓大军经旧县渡沙河、过淮河，千里挺进大别山。

随着颍河、沙河的变迁，水上运输兴起，工商业发达，经济快速上升，文化、军事强胜，县治才在1119年从细阳镇迁移至辖口，到了1304年，又从辖口迁移至离本镇东南方八里（南、西都离沙河三里）处建设太和县新城。这次迁移的主要原因是沙河的开拓和河床的北滚，使泰和县城南门内外的县衙及囚牢淹没和坍塌。民间传说，泰和（辖口）没囚地就由此而来。可泰和县城在辖口经历的185年，在当时的文化、交通、经济及风俗民情等史册中记载得很少，几乎没有，只是在明正德时作的《颍州志》上出现。一个近200年的古县城，为什么就没有留下历史记载呢？这是个谜。

辖口以前是沙河岸边的一个小乡村，当沙河还是一条很小很小的黄泥沟时期，旧县的先祖就居住于此。随着颍、沙河的开发和水上运输的兴起，当地人就开始做起搬运之活，承担沙河南北物资的中转和外运。那时的运输，陆路近的用肩挑，远的用车推。也就是说，那时的旧县就已形成陆路运输车推的集中地，旧县镇20世纪留下的槽子路也是证明。旧县的槽子路分布：东门外经三角元向东可通涡阳、蒙城、蚌埠、南京；北门向东北角经八里店可经亳州、归德府（商丘市）、徐州等；西门直向西可经过三里沟（万夫沟）、界沟集（界首市）、沈丘、项城（水寨）、周穴口（周口市）。从三官庙西北的槽子路经五岔路口、刘大桥至淮阳、开封。槽子路的形成应当在宋代之前，也就是因槽子路和沙河水运的兴起，使辖口在当时已成为经济发达、军事强胜的重地。当时的小南门是通往顺昌府的一条槽子路。当时迁移到辖口可能有两个主要原因：一是辖口水陆交通发达，工商业兴旺，经济繁荣带动财力上升。二是当时国家形势较为紧张，北疆地区金、元的兴起和强胜，逼使当时的皇帝不得不为战争而想，正因为辖口在各方面都占优势，所以就决定迁移于此。1140年顺昌大捷，把金军赶到泰和辖区的界沟，后划沟为界，相持8年有余。当时建设泰和县城时，南门与南关是建在沙河的北岸不远处，当时的执政者就没考虑到沙河的扩展，所以在很短的时间内（大约百十年），南牢（监狱）等建筑物就因沙河拓宽，被淹没即坍塌。可"泰和"县城只经历185年，又迁移到离泰和偏东南方8华里之遥的太和新县城（"泰和"改为"太和"至今），从此以后泰和（辖口）就叫旧县。太和新城就仿旧县五门五关而建，它的小南门在现水上商场和公园之间。

据老年人传说，在未从细阳迁移至辖口时，当地人就已建起了龙王庙。由于河道的拓宽，洪水的泛滥，人们都希望龙王爷保船民和沿岸居民的平安。那时庙宇不大，庙址大都建在沙河北、南关内。几经坍塌，多次重建，直到20世纪初，最后龙王庙只剩下三间龙王殿了。其次是北关奶奶庙。北关外的奶奶庙，规模不小，有三套院，供奉十八罗汉、七手八脚、送子娘娘及大神奶奶等，这些神像都是铸铁铸成，栩栩如生，艺术价值非常高。民国时期在此处办洋学堂，中华人民共和国成立后成为旧县小学，众多"铁佛"在1958年被毁。再后建的是东门外的小关帝庙（明朝在小东门外又建了一个大关帝庙），规模很小，所以这个被称为小关帝庙，可能到清朝时就没有了。宋朝时建有东岳庙，到了明末，东岳庙扩建。还有小南门外的花玉皇庙和西海子崖外的铁佛寺。铁佛寺消失得早，寺内的二十余尊铜像和三尊铁佛爷移居三官庙。三官庙建于清朝，河南王湾奶奶庙建期不明。小（花）

玉皇庙在20世纪二三十年代还有一间庙房。在明朝由于"毛巡按"治风水，相继建起小东关外的关帝庙、火神庙、花玉皇庙、城西北角的大玉皇庙。

传说明朝毛巡按认为旧县老城是块头东尾西的卧龙宝地，他预测在龙头下处可出二十四名带刀校尉。为破坏此风水，他不但建两大庙宇，还在孙庄开挖一个沟口，改变了原先水的流向，其结果此处出来二十四个卖凉粉的小挑子，每人都带一把切凉粉的小刀。原来的孙庄从此改叫孙沟口。建火神庙（庙址在东关东门）是为了隔开水与山的连接，在风水学上前方有水、后面有山就是风水宝地（当然还有众多的其他要素）。为加大破坏力度，毛巡按还把水井（现还存在）设在离庙百米之外的正南方。建玉皇庙是毛巡按认为旧城的西北角是龙脉，系昆仑山上走来的大龙脉，在那个地方将来要出八个大侯爷。所以毛巡按认为一般神灵威力小，镇不住，只有玉皇大帝才能镇住，因此就建了一个规模很大的玉皇庙，并且在庙前挖了一眼井（现还存在）。经过毛巡按这样的治理，其结果是在当地出了一个身材瘦小、尖嘴猴腮、瞎了一只眼的叫"江八猴"的人，取代了八个侯爷（李善东口述）。但毛巡按在泰和境内也出现了一个大失误，就是在沙河南岸有块风水地，远看气烟滚滚，雾气沼沼，彩虹闪现，霞光缭绕，人们认为将来此地必出将帅。毛巡按不敢怠慢，去近处查看，结果他认为，此处虽好，但无官印，最多出个唱戏之人，他就没有处置。实际上离此地一里多处有一池塘，水清见底，鱼儿畅游，生气勃勃，不过那时正是夏季，池塘边芦苇丛生，再加之周围种的全是高粱，遮住了毛巡按的视线，没发现这块"官印"，到后来出了个两广总督徐广缙。

毛巡按是何许人也，为什么要治风水？据民间传说，毛巡按是明朝开国皇帝朱元璋第一大谋士刘基的弟子。朱元璋出生后，曾在刘大财主家放牛，后当和尚，再投定远人郭子兴处。关于朱元璋流传着很多传奇故事，如放牛时杀牛吃肉埋牛尾，出现"地牤牛"；朱洪武偷锅及三袭凤阳府等。以上民间传说，说明风水在中国起源很早。先秦是风水学说的孕育时期，宋代是盛行时期，明清是泛滥时期。刘基最精于风水，朱元璋也最相信风水，有一事可证明：朱元璋曾出家当过和尚，二次返皇觉寺时，见寺庙面目全非，到处残破不堪，众师友四散，他留去不定，就走进庙堂中焚香卜卦，先问远行，不吉；再问留住，也不吉。朱元璋大惊道："离开不行，留下也不行，那我该怎么办？"忽然想起一次在路上生病，做了一个梦，梦见身边有一紫衣人护卫，朱元璋不免心中一动，于是又虔诚地问卦道："去和留都不吉，莫非是让我造反不成？"随手抽签卜卦，竟然请了个大吉卦。于是就奋勇地参加郭子兴的造反军，后成了明朝的开国皇帝。朱元璋即位后，为保皇位，又听信刘基之言，说西北将出贵人，因此派人查风水。毛巡按就是在这种背景下来淮北查风水的。

明洪武时，朱元璋实行"与民生息"的政策，多次从山东、山西、江苏等地移民中原。这时旧县镇人口剧增，交通发达，工商业兴旺。旧县完善并调整了街道，延伸了西大街（西城外延伸到翟湾庄。小东门也叫小南门，延伸到东岳庙门前），又开辟了从火神庙向南直到顺河东街与七十二座磨盘街交汇处的一条街，名叫火神庙街。后陆续挖了金家后坑和后花园坑。明洪武年间，李氏家族（思光宗祖）从山东枣连庄迁移至泰和城西3华里处李郢，迁时是父母带达、智、海、河、穆五子，其中三子"海"移居旧县，死于旧县，葬于旧县后花园内。中华人民共和国成立后，人们还看到茂盛的松柏和石炉、石人、石凳、石桌等青石雕物。在清乾隆年间，李氏家族在西门外建了李氏族三官庙，后朱氏家族在火神庙街西、顺河街北建了朱氏祠堂。清康熙十六年（1677），在北大街建清真寺，清朝末年在龙王庙对岸建有一山西会馆，同时后花园内建成同善社，并在通往小南门（也叫小东门）的街道铺上七十二盘红石磨坯，后人称为七十二座磨盘街。

早在辖口镇时代，旧县造船业就已兴起。宋、元交战时期就有从现在的山西、河南、河北、北京、天津、上海、南京等地的商贾和富豪来此经商、避难，手工业随之兴起。到了明代万历年间，毛毡业从山西进入旧县。同时由于战火的频频发生，旧县的淋硝业也逢时而生。经宋、元、明、清至民国初，尤其清末丝绸业、竹编业、铁、木、铜、锡等行业大量兴起后，商业的八行（粮、碗、盐、油、棉、药材、山货和牲口）有数不清的商铺，是沙颍河以北的工商业重镇。直到抗战时期，界沟集（镇）和旧县镇成了躲避日本侵略军的"避风港"。

旧县居住人口最多时达十万人之多，流动人口近十五万。抗日战争结束后，随着富商的返回和迁移，旧县由盛渐衰。

第二节　社会百态

商业

近代，旧县古镇商业非常兴盛，巅峰时期远远超越太和县城，有着"小蚌埠""小南京"之称。旧县商业由三大部分组成：商行、店铺、游商，其中以商行为主。旧县以前有多达十五类商行，经营的物资有名的有八大类：粮食、盐、碗、油、棉花、药材、山货和牲口。通过小商贩的手推肩挑，能外销到皖南、山东、江苏、河南等地。这些商行的存在使旧县成为重要的商业物品集散地，极大地带动了旧县商业的发展。

商行　所谓商行，实际就是物资和商品的交易所，大都以代买代卖、代储代运为经营方式。现分述如下：

粮行：也称粮方子，是粮食买卖之所，也是本地小麦、大豆、花生、芝麻等作物外销的基本渠道。交易员称斗把子。粮行门前放多只大圆簸箕，计量用木斗（每斗十升，每升十合）。旧县的粮行很多，以李、赵、盛、范、刘、陈、王、朱、翟等大行为主，最兴旺时期达三十多家，从东门外到张王庄，北门外到丁樊庄，西门外到翟湾和海子崖、新街到管庄，小东门至小东关孟园，河南岸的朱小店和王湾均有分布，每天成交量高达数万斤。

盐行：旧县盐行有十余家，多设在顺河街。大行有李正喜的"瑞昌和"、彭彬浦的"天新盐行"、孙氏盐行等。食盐由船运到旧县后，附近界首、涡阳、蒙城、亳州等县城及周边集镇的小商贩都到旧县盐行进行批发，多时能有商贩百余人，成交量近十万斤。

碗行：经营碗、盘、碟等陶瓷日用品，货源以河南禹州、江西景德镇为主，老板多是山西、河南人。有名气的有"复兴隆""协茂隆""仁和义""义美五""福茂祥""裕兴城""仁义堂""福盛永"等商号。每天来旧县的商贩都有几百人，肩挑手推，成交额很大。销路同食盐。

牲畜行：分大牲畜行和小牲畜行。大牲畜行又称外行，交易员称牛经纪。旧县有十多家，以交易骡、马、驴、牛为主，大都设在城外，俗称集外拴绳。每个集市成交量多达几十头，逢古庙会时成交量可达上百头，仅次于界首的骡马行。小牲畜行经营猪、羊，大都设在大牲畜行附近，也有数十家，由于养猪喂羊的农家众多，小牲畜行也兴旺发达。

中药行：旧县的中药行以南京陈氏家族经营为主，有十余家，大都分布于三大街，有名的商号有"大生堂""大德堂""大年堂"等。批零都售，还有医生坐堂看病。

皮行：经营马、驴、牛、狗皮和黄鼠狼皮等，以北关姚金华的行最大。有河南周口、商丘和山东、江苏等地客商前来收购，每天最多成交量可达百件。

油行：经销麻油、菜籽油、豆油等食用油，还有桐油等。本地的食用油销往六安、蚌埠等地，六安及大别山腹地的桐油又销往旧县。桐油当时在旧县销售额特别大，主要用于造船业和房屋门窗、寿木、家具等，年成交额超千万元。尤以魏老献的"大兴成"油行及朱氏油行的成交额最高。也有用猪板油销往大别山腹地，交换大米和山货的。

棉花行：经营棉花和土布，也兼营烟、茶、麻。有名的有中大街席家的"谦履中"棉花行，年成交量上千万元。

山货行：经营六安大别山腹地的山货，河南的竹木、扫帚、烟、茶、麻、陶瓷、壶、罐等。多设在沙河北岸边，每天都有上百小贩来进货，热闹非凡。较大的有姚氏"协盛行"等。

酒行：多分布于中大街。那时酒都是用酒篓（竹编，楮皮纸糊，专门盛酒）装的，以便于挑和用小车推，大小不一，大的可容百斤，小的装二三十斤。以彭文同家为大行，每天销量多达上百篓。

柴草行：旧县西关外、沙河滩、北关外、东关外、小东关外都有柴草行。交易员多是上了年纪的老头、老婆（老太太），手持大木杆秤进行交易。以前家家都要用柴草烧饭和盖茅草房，所以每逢早晨，许多农民到行里买卖木柴和茅草，肩挑、车推，特别热闹。以东关陈氏和朱氏、北关姚氏、西关马氏等柴草行最大。

鸡、鱼行：旧县的鸡、鱼行达数十家，每天成交量鱼达数千斤，鸡达数百只。以彭、朱、邢的鸡、鱼行最为兴盛。

寄卖行：就是把用过的旧家具、衣服、日用品等，以及金银首饰、珠宝玉器等贵重物品拿到行里寄卖，老板从中收取手续费。那时寄卖行也较为兴旺。

树行：人买树用来盖房建屋、造船做家具、制作犁耙耧等，所以树行也较为繁荣。旧县原有几十家树行。树行有两种经营方式，一种是在集市上有固定场所，卖树人把树木弄到场子里出售。另一种是由树行人员手拿五尺杆，到各村寻找卖主，这叫"买站树"。

牙行：也称杂行，没有固定商品和物资，也没什么固定场所，什么商品和物资对自己有利，就交易什么。牙行的交易员，本地叫"初盲行"，人员达百余人，他们是各行的补充人员，全凭一口伶牙俐齿，是能说会道、以口谋生的人群。

数量庞大的交易人员是旧县古镇商业繁荣兴旺的一大支柱。他们以勤劳为本，以诚信为荣。识礼仪、讲信誉，是最受人们欢迎和喜爱的交易人员，是商行的中流砥柱。但也有个别行坑、骗之事，德行差的人员。

店铺　旧县商铺、店、馆，以古镇的顺河街为中心，周边大街小巷分布有数百家店铺。杂货店、百货店、饭店（清真馆和汉民的大红馆）、文具店、药铺、鞋铺、木匠铺、剃头铺、烟铺、当铺、茶馆、菜馆等应有尽有。名气较大的有李氏"大兴恒"，前店后坊，前店是商店，后院制糕点。耿氏的"振泰""瑞泰"商号，前面是商店，后面是酒坊，生产的大曲酒闻名四面八方。东街李文波"景盛祥"杂货店，西街李茂春"恒盛昌"杂货店，翟子实"信昌"布庄及百货，李卜普"仁济堂"药铺，韩越州"济华堂"及杜老甫中药铺等都是有名气的商号，到现在"仁济堂"商号仍在使用。

其中值得一提的是当铺。旧县以前有两三家当铺，都设在东大街。急用钱的人把有价值的物品抵押到当铺里，抵押得到的钱很少，赎回的时候需要的钱就翻了几番。有两种典当方式，一种叫死当，到一定时间，寄当人必须拿钱赎取物品，过期就由当铺自行处理。另一种叫活当，期限可延长。当铺的利润是非常高的，人们常说一句话，明知是当（吃亏）也要上（当），就是因为急用钱不得已。上当铺的多属穷人，一般很少有机会赎回所典当的物品。

游商 旧县古镇还有相当数量的游商，他们以手拎肩挑的方式走街串巷，沿街叫卖。叫卖的有名优小吃，如麻花、麻虾、焦鱼、莲花豆、大馍等。还有的叫卖的是一些小商品，如针头线脑等，人称花郎挑子。

手工业

旧县的手工业也有着非常古老的历史，在 20 世纪初就非常兴盛和繁荣，主要有以下数十种：

皮匠铺 以加工驴、狗皮为主，制作皮衣、皮帽、皮袜、皮绳、皮鞭、皮条、皮套等。以孙氏家族为代表，分布在中、东大街。

银匠铺 打制小孩的脚镯、手镯、项链，妇女头上的金银簪子等器具。翟立功的"久花银楼"手艺精巧。还有张姓等银匠铺，分布于旧县中大街与北大街。

铜匠铺 制作铜盆、铜壶、铜烟袋和铜锁等。以范、王姓为主，分布于东、中大街。

锡匠铺 制作锡壶、酒壶、酒提子，大的可容十斤。数"芦老君"的手艺较好。

洗染坊 用染料经煮、洗、平，把土棉布染成黑色、青色、蓝色等有色布。以张家"东泰昌""西泰昌"两家大染房居首，分布于北街和七十二座磨盘街。在当时有这样的说法，"开过药铺，打过铁，不如染房捞月白"，染房是个高利润行业。另有担挑印花红的工匠。

木匠铺　木工分大木工、小木工，制船的（为锯、捻、排三匠）、砍房料的、做太平车的等为大木工，以马、刘、朱、王、范、李家为多，砍房料以谢家最多。小木工做桌椅板凳、小推车等，以胡氏为代表。与铁匠合制的单木犁、木耙、木耧以范、李家专业。马家制造剃头挑子和纺棉线用的木桄子。洪木匠制造的木锨、落耙，旧县有名。邵、李、胡家专制棺木，侯、李、朱、张家等专制家具。各家分布于火神庙街、北街和新街。

竹匠铺　生产竹器、伞、斗笠、耙子、灯笼和酒篓、酱菜篓及木版年画、用褚皮纸制作的八股叉纸扇等。以胡、刘氏家族为大，分布于中、东街和北街，是太和县竹器厂的前身。

论起竹匠铺，不得不提一下十里沟的楮皮纸。十里沟离旧县十华里，位于沙河岸边。楮皮纸是用楮皮及少量杂树根皮做原料，经水池泡、石碾碾、石臼舂、帘子捞等工艺生产。楮皮纸薄、均匀、韧性大、拉力强、柔软，不怕折叠，是糊酒篓、斗笠、纸伞、顶棚等的主要原料，用楮皮纸制作成的八股叉扇子工艺性强、耐用。以前有民谣：楮皮纸出在十里沟，糊成的扇子卖九州。十里沟的楮皮纸系家传，外地没人生产，现传承人极少。

鞋匠铺　制修各种单鞋、棉鞋和油鞋等。以韩氏等为代表。

炮铺　制造各种烟花爆竹，以李、陶、刘为大家，分布于西门外海子沿街、西关外、中大街、东街。

裁缝铺　制各种男女服装，手艺以王、朱家最精巧，分设于旧县顺河东、中街。

丝匠铺　抽丝制线，在当时也是一个时髦的手工行业，制成各种花线、罗底（筛网）和丝绸，远销苏杭，以朱效举、李正运、崔德国、崔德云等为大家，生意最为兴隆。分布于火神庙街和中大街及崔韩庄。

铁匠铺　打制刀、镰、铲、铡等为大红炉。制造船钉、门闩、门鼻、菜刀、锅、铲、勺子等为小红炉。以谭、赵、刘铁匠等为大家，多在北关、东关、西关外经营。

石匠铺　制作石磨、石碾、石磙等各种石器。当时有石匠百余人，都在火神庙街南段。由于石磨业的兴旺，人们便把火神南街改叫磨行街。

剃头铺　剃头业在旧县十分发达，剃头铺有数十家，各处都有分布。走街串户担剃头挑子的师傅也有数十人。剃头铺大都兼营唢呐班子，吹唢呐以曹仲声誉最高。

油坊　以木榨榨油，分大槽油、小槽油，以生产芝麻油和豆油为主。十余家油坊中以崔、赵等规模最大，每天出油近千斤。

烟铺　不但把本地烟叶销往外地，而且还加工烟丝，后来又用手推机子擀成卷烟。以张家、史家最有名气。

磨面坊　旧县有磨面坊三十余家，最大的一家有石磨近十盘，驴推磨，脚打箩，每天可出面粉几千斤。以孙秀、李效言等为大家，旧县各街巷都有分布。

酒糟坊　以红粮生产的粮食酒，酒精度按现在的计算有60度以上。旧县以耿姓"振泰"烧的酒名气最大，远销方圆百里左右。

编席匠　编席打篓，养活三口。工匠们用芦苇等编制大小床席、晒麦席、储粮芡子及大小方圆的篓子。以李家编的产品最精致。

油漆匠　油漆各种家具、嫁妆、门窗、棺木等，以孙氏家族最专业。

星秤业　用枣木、梨木等，最好的是用紫檀木，制造出的大秤能称近千斤，供商行用。小到斤、两、钱、分的小秆秤，供商店、小商行和药铺等用，以张师傅的手艺最为精湛。

泥瓦建筑业　俗称泥瓦匠。原分两类，一类专建楼房和桥梁，为清水匠。另一类脱坯打墙盖草房，为泥水匠。旧县以丁、樊、李、高四大家为主，分布于北关外丁樊庄及新街北头高大庄、高小庄等。有工匠上百人，是一个庞大的建筑团体。

造船业　由于沙河的水运发达，旧县古镇的沙河两岸有马、李、刘、朱、王、翟姓等大大小小三十多家造船的，尤以北岸为多。可生产制造大到上百吨容量的对联划和大单船、江溜子、艋子等，小到渔舟和载人的小划子。旧县沙河两岸盛产楸树、梓树，木质轻而坚实，不易腐朽，所以旧县造的船质量好，每天都有大小近百只的新船下河。造船的锯匠、捻匠、排匠三种工匠达千余人。

毛毡业　毛毯是旧县的传统特殊工业。据前辈老匠人传述和文献记载，明朝万历年间，山西王氏三兄弟（王学礼、王学孟、王学道）迁至太和，擀毡并传给当地群众，清朝时有个"怀太"毡厂，有匠人八十余人，产品优良，畅销省内外。民国初，有位徐州大商人，在旧县投资建擀毡厂，工人就达五百余人，制造的毡裤、毡衣（马褂）、毡条等销往日本、德国，后因军阀混战、土匪横行迁于开封等地。据老艺人讲述，以前擀毡人较穷但不保守，愿学者就教，所以会者较多，被当地财主称为"毡猴子"。擀毡是以羊毛为原料，经手工弹、擀、清洗之工序制成床毡、桌毡、红喜毡及帽、靴等，畅销全国各地。据县志记载，也销往东南亚各国。以前制毡工匠分布于新街，以何怀任、何怀良及旧县西张王庄的王效增，小李庄的李正月、李善怀、李善友等工艺出众。

铸造业 俗称翻砂。以魏慎冒家炉房最大，生产铁犁、铁铧、秤砣、铁灯、錾子、铁锅等生铁用品。

酱菜业和醋业 旧县的酱菜厂大都是在明清时期由山西晋城等地来旧县经营的，前店后厂，以生产陈醋、酱油和咸菜为主。古城旧县的"泰和贡椿"、大头菜、五香萝卜干和多年的鱼香、臭豆腐乳，远销上海、北京、江苏、山东、河南等地。酱油和醋多销于界首、亳州、阜阳、涡阳以及蚌埠。醋店多分布于北大街和中东大街，以任氏"四泰兴"酱菜园为大家，还有杜、冯、王、钱等十余家。

淋硝业 淋硝即用硝土和草木灰按一定比例放在缸内，用水淋后熬成硝。硝白净透亮，是炮铺的主要原料，也是猎户的必用品。以姚、徐等家淋水熬硝的名气最大，远销六安、淮南及周边各县。

此外旧县还有制戏衣的王化廷，手工精巧，戏衣畅销省内外。王先生的烧泥人、塑神像，陈子琴等捏的糖人，精巧玲珑，形象逼真，栩栩如生。

文化艺术

旧县镇的曲艺、戏剧等文化艺术繁荣昌盛，历史源远流长。书画、剪纸、木版年画等早在宋元时期就很兴旺。旧县有数家私塾学堂，培养文化人很多。民间文艺有肘歌、抬歌、高跷、竹马、小车子、旱船、蛤蜊人子、舞狮、犟驴、二仙摔跤、老绵羊抵头、打花棍、跳腰鼓、耍猴戏、看洋片等，戏剧有梆子、曲剧、四句推子、下河调（凤阳花鼓）、二加弦等。曲艺有坠子、道情、大鼓书、琴书、小铙子、评书、马戏（大型杂技跑马上刀山）、武术表演、手指戏（担担戏或叫肘猴戏）等。旧县全年有四大庙会，除河南王湾三月三日奶奶庙会外，由于东岳庙、关帝庙的消失，逢会时，人们都到白果树烧香祭神，统称白果树会。20 世纪初兴盛时期，每日大戏、马戏等天天有，大都分布在西河滩和城内外，逢年过节和庙会全出灯（全表演）、戏曲等应有尽有，热闹非凡。旧县人信奉道、佛和伊斯兰教。以前每年七月十五祭鬼神，举办散河灯会，和尚念经，道士奏乐，场面壮观，隆重至极。斗鸡、斗鹌鹑、斗蟋蟀等使人们兴趣高昂，参加人数很多，热闹非凡。同善社每逢春季组织人放生（把活鱼、鳖放入水中），也特别壮观。旧县过春节还有送财神的仪式，表演者敲锣打鼓，画上花脸，穿上戏袍，扮文武财神，到商行、店铺或河下的船老板送财神。掌柜的、船老板出来迎财神，接元宝，放上爆竹，给表演者包上红包。如有一家没接到财神，这家就高喊："宁漏一村，不漏一家，不能少我一家。"可见求发财之心切。全过程的表演非常有趣，双方乐滋滋。据说这一活动其他镇少有。

旧县的手工艺品以王氏的泥塑（泥人、泥神、小动物等）最好，经过小窑烧制而成，精致至极。胡氏的木版年画不次于天津的杨柳青和朱仙镇的年画。剪纸在旧县风行一时，大多妇女都会，尤以朱氏手艺最为精巧。制风筝也是旧县的好工艺，扎的风筝有大小米花、八角、长龙、水桶、飞鸟等，以张家手艺最高。

书法绘画在旧县底蕴深厚，人才济济。如陈悦廷的工笔山水，李良汉的草书及下山虎，李良赞的魏碑，金大鹏、金大贺、刘品正、朱老怀等的书法，在旧县地区大有名气。旧县的书画艺术水平普遍很高，行所商铺大部分职员都能写幅好字。

武术是中华民族的瑰宝，其源流可追溯到原始社会，我们的祖先为了生存与动物搏斗，演练出一些防身护体的动作，久而久之，就形成了一套套的刀枪剑戟等器械和一套套拳脚的攻防招数，经过几千年的演练，形成了中华武术。旧县人尚武成风，在20世纪初，学武、练武、比武比比皆是。刀、枪、剑、棒、三节棍、九子鞭等玩得熟练至极，最时髦的大洪拳、小洪拳、醉拳、长拳、太极拳及回族的查拳，普练于旧县。耿楼的武场（即现在的武校）威名四播。尚武的代表人物有张洪志、彭明、王化廷、李丙强、赵万善、刘从立等。李茂春的梅花拳、八卦掌以及部队的实用散打，在当地首屈一指。回民刘洪俊、李泽启、洪广善、张永贤、闪孝文等的查拳也赫赫有名。旧县人习武之多、武艺之精、武德之正自来有名。

旧县靠沙河岸，码头最多时停靠船只近千条，从旧县东朱寨到翟湾西有数百米长。上下货的号子声，岸上木、铁工的击打声，优美动听的戏曲声，小吃的叫卖声汇聚一处，动听至极，集市上热闹情况难以描述。

一些特殊职业者

20世纪的旧县古镇，还有下列一些特殊职业者：

锔缸、锔盆匠　他们身背钱褡子（用布做成，搭在肩膀上，有二尺多长，是个布袋型），钱褡子的开口是在上面的中间，两头缝严放铜板，里外放大小不等的铁锔子（用铁打成的两头有钩的扁平钉子），在乡村和街上高喊："锔缸、锔盆呦（经过手工操作把破的或有裂缝的缸和盆等补起来，不再漏水）！"那时人穷，为了省钱，把破烂的缸、盆锔了再用的不在少数。

焊匠　他们挑着担子，一头盒橱里面放些焊东西用的工具，停下来还能当板凳坐人，另一头是工作桌，上面有个小风箱和熔锡用的炉子，在街上或农村专焊破烂的锡壶、铜壶等（锡壶和铜壶是那时民间的日用品）。旧县出名的焊匠外号人称"芦老君"，这种技艺已失传。

补锅匠　两三人推着独轮车，上面放着风箱和炉子，高喊"补锅锢炉锅"（熔化金属浇堵物体的缝隙），用熔化的铁水把有洞的锅补起来。那时人很穷，能锔就锔，不能锔就锢。这种技艺现几乎失传。

锔瓷器的锔匠　人常说"没有金刚钻，难揽瓷器活"，这种工匠挑着两头翘的扁担，扁担两头吊着铁钩。铁钩一头挂长形小案子，也就是操作台。另一头挂着木橱，上面坐人，抽屉盒内放专用工具。锔匠手持二十多片相连的铜片，用手一抖，哗啦哗啦地响。他们不吆喝，只要听着铜片响，就知道是锔匠来了。他们铜碗、碟、花瓶等瓷器。当时有个叫老亮师傅的手艺最好。

阉猪阉羊、锤牛匠　此类工匠专门把牲口的生殖器割掉和锤碎，不让其生育。这类工匠门派甚严，他们手持白胡和红胡的标志（红、白胡是门派的标志），背着小木板凳、麻辫和铁铲。逢集到牲口行，不赶集就下村庄。他们还铲驴蹄、马蹄和给马骡挂铁掌。这种行当现在还有，不过从业者已寥寥无几。经过阉和锤的牲畜长得快、壮，性情温顺。

游医　有的游医挑担到农村扎针卖膏药，有的在街面耍枪弄棒玩把戏、卖大力丸、拔牙等。这些游医当时人数不少，生意看好。旧县游医的代表人物外号称"毛儿花枪"，有名的膏药是陈氏膏药。

看风水算命的　有牵着骆驼看相、敲着铜锣或打木板算命的（大都是盲人），也有抽签算卦的。看宅基地的称风水先生，选墓地的称阴阳先生（号称阴阳三，旧县唯独赵家最有名气）。以上人数虽不多，但收入较好，是当时社会上的时尚职业（现在仍然存在）。

炕房及赊小鸡的　每逢春夏两季是炕房（孵化鸡鸭鹅的场所）旺季，各家炕房开业生产。在当时，卖小鸡都以赊销为主，有炕房人担着挑子，挑子两头有二个或者四个用竹片条制作而成的带孔的大圆篮，里面放着小鸡。他们手拿账本，到村庄上，买小鸡的只要报个名，数个数，就可以把小鸡带回家，不用打条子或办任何手续，到了麦季过后，拿着账本收粮即可，几乎没有赖账的，可见当时人的可信度之高。

化缘的　旧县集上不断有和尚、尼姑在街上化缘。有的敲着木鱼，也有碰响铜铃。更有甚者，化缘人三步一跪一磕头，以表忠诚。求得施主施舍钱财，建造庙宇。

乞讨的　在旧社会，旧县集上的乞讨者五花八门，有的吹响（唢呐），有的拉弦高唱，残疾人哭叫，老少人哀讨，打花棍的、拍竹板的等沿门乞讨。还有一种名曰"托子手"，专抢夺老人小孩手中吃的东西，抢夺到手后，吐上几口吐沫，使你不能再吃了，被夺者有气，追上就打。人常说的"跟打托子手的"一样。还有甚者，手拿利刃到店铺前，用刀划口，鲜血四溅，要你给钱。这就是所谓"卖血"的，现已绝迹。

还有一些人没地也没大本钱，靠做小生意维持生活，赶周围小集镇，如高庙、孙寨、八里等，也有到大新、双浮贩卖青菜、杂粮、鸡、鱼等。也有人夏天打草鞋（用稻草做的），打瓜牙子（把大西瓜切成小块卖），冬天编芦翁子（用芦苇编制的鞋）等维持生计。

此外，民国时期，已有有志青年秘密参加共产党闹革命，如顺河中街刘瑞兰是参加两万五千里长征的老红军；马元村的朱晟曾是现代京剧沙家浜二十八勇士之一，中华人民共和国成立后任中苏友好协会秘书长。也有人当上解放军，随刘邓大军南下，像史逸亭、邵忠臣、崔德昌、徐振武等，都是当时的地下工作者。也有被国民党拉了壮丁的，同时也出现卖壮丁的专业户和兵痞，也有人当上了土匪。

农作物

旧县镇原没有商、农、工之分，大都是农、工、商为一体的家庭生产模式，土地大都是沙地，分布在旧县周围。当地的农作物有大麦、小麦、高粱（秫秫）、谷子（去皮为小米）、黄豆、红薯及豇豆、豌豆、蚕豆、红豆、绿豆等小杂粮。油料作物有芝麻、花生、油菜、蓖麻等。经济作物有棉花、烟叶。那时小麦平均亩产不到二百斤，大豆五六十斤，红芋（红薯）二三百斤，棉花、皮棉三四十斤，一季红粮（秫秫）也只收百十斤左右，其他杂粮产量都低。本地人的生活以小麦、大豆、秫秫、红芋为主，当时的大财主全年吃小麦面的也很少，一年 365 天能吃 300 天就很满足，"夹地准"（地方土语，意为中等户，相当于中农）一半时间吃麦面，贫穷的老百姓，只能逢年过节、红白喜事时吃点好面（麦面），还有小部分人员，全年吃不上好面，大都以杂面（秫秫、豆子、红芋片等混在一起的面）和青菜、干菜及麦麸皮为生。更有甚者，春天吃榆树皮，还有的未等到麦熟，就把青麦籽弄下来进锅炒，磨成"碾串"吃，也有个别穷人卖站麦，就是把不成熟的小麦在地里就卖掉，价格相当低，以解燃眉之急。

人的衣着打扮

富贵人家冬穿长袍马褂或皮袄、皮帽、棉鞋、毡袜、毡靴，一般人家穿长袍、长褂、布袜、布鞋、对襟子棉袄、对襟子小褂，贫苦人冬天穿"乏筒子"（破棉袄，里面没有一件衣），系个大带子，穿个衩裤（只有两条腿，系在裤腰带上，没有屁股布，里面穿条单裤。本地有句谚语"好是好，恶是恶，精着屁股穿衩裤"就由此而来）。能穿上衩裤的人，在当时还算不错的，有的一冬天也穿不上有棉花的裤子。穷人冬天穿芦翁子（用芦苇缨子编的鞋），夏秋天穿草鞋（用稻草或者破布条编的鞋），全年都没穿过布鞋。20世纪40年代还有农民及工匠们，腰里系着大带子，带子上挂着火镰子、火石（用小布袋装着）、火筒子（小竹竿筒），里面装着火纸，一根旱烟袋，铜烟锅，玉石嘴，坐下打火吸烟，还算时髦。下雨雪，富人打伞，一般人戴斗笠，穷人穿蓑衣（用秫叶做的），夏天赤脚巴，冬天穿泥屐子（用木头做的，有两个脚的，个别还有独腿泥屐子）。

随着清朝的灭亡，中华民国的成立，少数本地妇女开始不裹脚。

农用工具和交通工具

农用工具 旧县当时的农用工具有木犁、木耙、四轮太平车等。分铁边车和木脚车两种。铁边车的四个轱辘上边钉着铁边，车把框上都钉着铁皮，油得透亮。木脚车没有以上的装置，独轮木车由一人推着，装上物品后前面还有一人或两人拉着，最多也能装上四五百斤重物。人常讲，推小车不用学，只要车斗不离馍（意思是只要吃饱就行），推小车是个强体力活。马车有两轮，车厢两边伸出两条约丈长的木梁，也称辕，一匹马在辕子里，称驾辕子马，前面两匹马，个别也有三匹马，叫跑梢子的。赶马车的称车把式，好的车把式"掐帮掐撇"，帮绳是把两三匹马用绳从马脖子上连在一起，撇绳是用一长绳拴在马嚼子上用于让马拐弯，以前也是木轱辘，车走过后，车轱辘压的小沟叫车辙。成语"前头有车，后头有辙"就是由此而来。拖车是木制的，没有轱辘的木架子车，上面放着犁、耙，用牛、驴拉着下地用。打地滚是用石头做的大约四尺多长的圆形石磙，在初春用它轧麦，防止小麦长得过快。石磙有青石制的、红石制的，打麦、豆用。此外，还有权耙、扫帚、扬场锨、落耙、镰刀、牲口套（有皮套带有绳套，用于拉车和犁耙地）、牛戴的笼嘴、马戴的嚼子、扎把子（围在马、驴脖子上，用布或皮子缝制的圆圈，以便马、驴上套用）、皮鞭等。

交通工具　当时水运靠船，有对联划和大小单船，大的能载几百吨。那时测船的载重量叫"吃水"，吃水就是把货物装上船后看船的下沉尺度来判断它的载重量。陆地上有马车、牛车、独轮木车，另有载人的脚驴子，就是毛驴背上放着被子，人骑在上面，后面跟着赶驴的。当地人常说，人家骑马你骑驴，后头跟着步撵的，比上不足，比下有余。还有一种小独轮木车，上面是平的，铺条席和被子，人坐或躺在车上，有人推着，大都是妇女和老人走亲戚或进城乘坐，运价不高。赶驴的和推车的人都是旧县集和周围乡村的人。富人一般骑马坐轿。

洋货

由于晚清的衰败、八国联军的侵犯，外国势力在华逐渐扩张，不但在军事上，在经济上也有"强食"之态势。不仅有鸦片的输入，各类洋货也逐渐进入中国市场。20世纪40年代的旧县就已出现了洋靴、洋火（火柴）、洋油（亚细亚牌的煤油）、洋布、洋肚子手巾（毛巾）、洋胰子（肥皂）、洋马灯、罩子灯、洋线、洋褂子（羊尾巴褂）、洋帽子、洋鞋（元宝形胶鞋、皮鞋）、洋袜子、洋车子（自行车）等。这些洋货由于新潮先进，很快代替了中国的传统物品（土货），如火柴代替了火镰子、火石，洋车子代替了"土牛"（小车子），洋灯代替了土灯（油灯），手电筒代替了灯笼，洋布代替了土布，洋颜色（染料）代替了土染料（线壳子染布），洋胰子（肥皂）代替了灰水和皂角水，洋装也代替了长袍、长褂，人们剪掉长辫子，出现了"东洋头"等。

第三节　史迹珍存

天灾人祸

水灾　旧县古镇那时候年年有水灾，沙颍河、万福沟（三里沟）、谷河年年筑坝堵水。最为严重的是在 1938 年 6 月，国民党为阻拦日寇西上，保中原及西南后方，在中牟、郑县两处掘开黄河南岸大堤，滔滔黄河，奔流直下，夺道鲁河，注入颍、涡河，分流入淮、黄，泛区宽八十华里，长千余里，旧县集也在其中。1939 年，日寇为西进方便，迫使我民众将中牟所决之堤口堵塞断流，使黄河水从郑县之花园口一处溃出。这次受灾地区有河南中牟、开封、扶沟、太康、沈丘、鹿邑等地。河水流入安徽太和，旧县的万福沟、谷河、颍沙河决口，受灾严重。另，1942 年黄河水流入万福沟，上游堤破，下游旧县受灾严重。以上除黄河水泛滥成灾以外，沙颍河、三里沟（万福沟）、谷河，每年汛期都筑坝堵水，但都有破堤成灾之现象，那真是年年打坝，年年受淹。以前富家都是土坯墙、茅草屋，洪（黄）水冲淹，房倒屋塌，人畜伤亡惨重，乞讨者多，入娼妓者也不少，留守者吃榆叶、榆皮、糠皮、野菜，即使是中等农户，也只能过上以糠菜为主、粮食为辅的生活。

虫灾 1940年到1944年，旧县镇遭受了连续三年的蝗虫灾害。那时蝗虫铺天盖地，蝗虫过后，将庄稼的穗叶一扫而光。它们连树叶和芦苇也不放过，吃得光秃秃的，真称得上"一扫光"。

病灾 水灾之后，阴雨潮湿，卫生条件差，医疗资源极少。绿头苍蝇、长腿蚊子乱飞；粪便堆积，臭气熏天；饮水脏杂浑浊，人们只能用白矾掺搅澄水，但买得起白矾的人很少。水灾发生时，河水中漂着人畜尸体，有的"发"（肿胀）得一抱之粗，惨不忍睹。1942年瘟疫（霍乱、疟疾、黑热病、天花、麻疹等）大流行，由于缺医少药（那时旧县没西医、西药），死亡严重。另外，由于潮湿，十人九疥。患者浑身脓包突起，臭气熏天，瘙痒至极，难以入睡。脓包疮、连疮腿，人皆有之，那真是"十人九长疥，无人不生疮"。除水灾过后瘟疫流行外，在平常的日子病灾也非常严重，婴幼儿（包括胎儿）死亡率高达50%。由于医疗条件落后，天花、麻疹、白喉、痢疾等是威胁婴幼儿的主要疾病，患者即使不死，也要头秃、脸麻、腿瘸或瘫痪。人们对此病没有能力医治。社会上就出现神婆（神堂的女巫）编出童子（男女都有）下凡，如果不"解救"童子体，小孩就活不到12岁的传言。因此街上就出现出售童男童女的"模特"（童男童女的头是陶瓷的，身体是用竹坯子扎的，穿上用纸做的衣服）。人们将这种童子模特拿到神堂内或神婆指定的地方（大都是十字路口、庙内等）火烧，做替身。这当然是迷信，可是在那时人们非常贫穷，又缺医少药，只能求神灵保佑。童子替身在那时是非常流行的。那时成年人及老年人患了噎食（食道癌）、倒食（胃癌）、肺痨（肺结核或肺癌）、气鼓、水鼓（即现在的肝腹水、肝硬化、肝癌），没钱医治，也就到神堂子或者庙里求神去灾。所以那时患病死亡率过高。

匪患　古镇旧县，历尽沧桑，尤以中华人民共和国成立之前，更是多灾多难，不但经受水灾、蝗灾、瘟疫、疾病等，更为残酷的是土匪的危害。1933年农历六月二十三日，一股来自阜阳西南角，豫皖交界处的三河尖、洪河两岸的土匪侵扰此处。土匪头目号称"李老模"（具体名字不详），原籍河南鲁山，此人心狠手辣，手下有近万人，是当时周边人数最多的土匪势力。据上辈老年人回忆，此股土匪路经旧县集时也只有百余人，但得知此地防守薄弱，又打听到大部分人（主要是有钱人）已逃走，就攻打旧县。他们在旧县住了近十天，七月初二离开旧县。本集住不下，就在集周边的马元、丁樊庄等居住，抢劫财产，奸辱妇女。由于旧县有钱人早已带走金银财宝，这帮土匪有气，就点上一把火把旧县集烧了。大火烧了数日，狼烟滚滚，火焰有数丈之高，方圆几十里如东孙寨、北双浮、西十里沟等地人们都能看到熊熊烈火。此股匪徒走到刘松庄，攻克村庄后伤害十八人。对于有防范的刘寨（刘大桥），土匪高喊："我们路过，请不要开枪。"此次旧县一劫，不但人员伤亡，财产被劫，最为严重的是旧县古迹，尤其庙宇毁坏严重。

旧县为什么轻而易举地就被土匪攻下了呢？有以下四方面原因：一是国民政府（那时候旧县设有区公所）腐败无能，不组织群众抵抗。二是所谓有钱的人，听说土匪来了，把能携带的财物都带走，率先逃跑。三是穷苦人家认为，反正我没有什么值钱的财物，土匪也抢不了什么，抱着无所谓的态度。四是人多姓杂，虽说有朱、陈两家和半截城李家与众多回民，可是在当时外来户已占多数，如来自上海、南京、山东、河北、河南、山西、陕西、湖北等地的经商者，并且又没有核心权威人物。当政府人员与有钱人逃跑后，镇上成为一片散沙，已没有反抗之能力。不像旧县附近的杨寨、孔寨，尤其是刘寨。这究竟是为什么呢？原因是刘寨当时防范相当坚固，由在国民党部队任团长的刘休坤和任太和县财政局局长的刘广德指挥，寨有寨海子、寨墙，寨四角建有四个碉堡式角楼，土枪、土炮样样俱全。最关键的是，刘寨95%以上都是刘姓家族，团结一致，所以土匪也望而生畏。旧县被烧，损失严重，有的妻离子散，家破人亡。旧县被烧后，人们感觉到不加强防备是要吃亏的，因此就推选李正坤为"寨长"，大家筹资，加修城楼，清疏城河，建立城墙，也建了西北角、中间、东北角及火神庙街四个碉堡，买枪购炮，打更放哨。大批土匪没有了，可两三个、七八个土匪聚齐，夜间抢弱户和在僻静的路口抢劫还是时有发生。

日寇罪行

1942 年正月初八，日本鬼子攻下太和城，没几日也攻下旧县。据 90 岁老人马金志等人述说，日本人进入旧县后，烧杀抢夺，奸淫妇女。有一妇住在水门口（在中大街），被十余日本鬼子轮奸后，奄奄一息，生命垂危，幸亏有人及时抢救，才得以活命。旧县有名的"鬼不缠"李心增老人，就死于日本飞机的狂轰滥炸之中。据马金志、陈修立等老人回忆说，日本鬼子来旧县时，有一个班（排）住在火神庙内，他们不但抢夺烧杀中国人，就连他们的伤病员也不放过。他们目睹，日本人在火神庙后面的庙台子上架起熊熊大火，抬着不能走路的伤兵，统统放进火堆中火烧，当时他们还听到日本伤兵拼命呼喊，似乎在说"我还能""打仗""不想死"等。不论他们怎样喊叫，也非烧不可，凄惨的叫声，烧焦时的滋滋声，难闻的血腥味，被烧者的翻动，混杂在一起，真是惨绝人寰。这充分说明日本军国主义的头目是披着人皮的豺狼，穷凶极恶。由于何柱国等领导的国民党军队抗战，日本兵在旧县只住了7天就逃跑了，在这短短的7日内，日本鬼子犯下的滔天罪行，罄竹难书，使旧县人永世难忘。

抗税暴动

1947年春季的一天，旧县镇伪警察分局召开旧县各商行、店、铺、馆及小商贩人员会议，公布派缴所谓的"禁烟（大烟）戒赌"及其他各项费用，款项多，数字大，群众难以接受，当时就有人提出三天两头缴税费，这次又要这么多，实在缴不起，是否可以减免点。警察分局伪局长花迪生说，这是上司交给的任务，非缴不行，少一分不可，抗缴者严惩不贷。一语激起千层浪，花迪生的一句话引起与会人员的气愤，大家就说："我们实在缴不起了，你们看着办吧，看你们能把我们怎么样。"花迪生一听，一拍桌子说："你们想抗税啊。"于是命令手下人员把带头人抓起来。群众不服，与警察发生争执，警察动手打人。本来群众就对警察充满愤怒，现实的情况促使多年压在群众心中的怒火爆发出来。群众高喊："把警狗子赶出旧县集！"警察局院内的嗡嗡闹声传到街上，一时间，满街人山人海，涌向警察局院里，"赶走警狗子、撵走花迪生"的口号响彻云霄。花迪生一看，感觉大事不妙，就想纵身外逃，就在一刹间，旧县东街一个姓陈的，外号叫"大架子"的人从后面抱住花迪生的腰，死死不松。花迪生见状，急着乱跳外逃。他想如果不能逃走，就会被人乱拳打死。狗急跳墙之下，他从腰中拔出手枪，砰砰两枪把"大架子"打死，急忙一窜，跳出墙外，夹着尾巴逃之夭夭。后县大队来到，看到当时情况，抓了几个人，其中有个人叫"朱哑巴"，被五花大绑，押解县城。没几天，被抓人员释放，花迪生打死人潜逃，伪县府也就不了了之。

花迪生是何许人也，无人知其详情，可都知道他是太和县伪县长仇天民的干儿子。此人依仗他干老子的势力，平日独断专行，就连旧县镇伪政府的伪官员也惧他三分。引起这次事件的主要原因是国民政府的苛捐杂税太多，逼迫群众造反，花迪生只是国民政府的替罪羊而已。据李泽友、姚乐群等上辈老人说，旧县那次打花迪生事件也与地下党的发动有关，并引起解放区共产党的重视，那时《开封日报》在头版头条刊，赞扬旧县人民反抗国民政府重收税捐的正义行动（报纸他们看过，并保存几年，直到中华人民共和国成立后，入社搬家才丢失）。

就在 1947 年 8 月，中共旧县区委和区民主政府成立，张甫任书记，史逸亭任区长。9 月下旬，陈粟（陈毅、粟裕）大军挺进中原，六纵进驻太和。9 月 30 日，太和县城解放，国民党太和县县长仇天民、保安大队长樊显臣闻讯南逃，逃到行流集时，被人民解放军活捉，樊显臣被就地处决，仇天民被押回。10月17日解放军在太和县城西门外召开六千余人的群众大会，公审仇天民，当场将血债累累、罪恶滔天的仇天民枪决。处决仇天民，在某些因素上，旧县人打花迪生事件也起到一定作用。

刘邓大军夜渡旧县沙颍河

1947年8月13日，刘邓大军在天上有敌机轰炸，地面有国民党军队追击的情况下，跨过黄河，穿过黄泛区来到旧县，当天刘伯承司令员的指挥部就安在旧县三官庙西李秉献家中。8月14日，刘司令员先派一部分部队，把太和县城团团围住，使国民党军队不能出城，当晚刘伯承司令员指挥大军强渡沙颍河。当时，沙颍河处在汛期，水面宽，流速急，水深浪大，漩涡多，人不能游水过河，夜间船渡（白天有敌机轰炸）不但慢，危险性还大，搭浮桥过河成了唯一的选择。

那时太和还未解放，旧县属国民党占区，当时出现两种不同的情况，一种情况是国民党伪政府（县、区、镇）人员，大肆造谣宣传，加之反动会道门的帮凶，一时间搞得人心惶惶，有的富豪和怕事之人就带着财物逃之夭夭了。另一种情况是共产党的地下工作者在成立不久的中共太和县委和县民主政府（当年5月份成立）的领导下正面宣传，组织民众在沿街和路旁举行欢迎仪式。虽做大量工作，可广大群众还都有些恐惧和观望，但时间不长，人民群众就在思想认识上发生了天翻地覆的变化，人们开始主动捐面、油、盐等，积极送木板（门）并参加搭桥。

是什么样的因素和动力促成了如此之快的变化呢？情况是这

样的：在刘邓大军到旧县的前几天，中共太和县委和县民主政府及当地的地下党员和积极分子就开始宣传、筹集战勤物资，尤其是给军队"号"房子（当时给部队住的房子，先定下来叫"号"房子），这一举动就与国民党军队和联防区有着天壤之别。以前，国民党军在旧县时，不论什么商行、店铺等，只要当兵的看中，就"号"下来，军队住下后，也不管家中有男女老少，就到处乱翻、乱抢、乱撒尿，也不管你是回民汉民，还是吃斋念佛，就在院内支锅做饭，吃肉喝酒，老百姓都是敢怒不敢言。国民党军队要"济养"（给队伍筹备的物资叫"济养"）都是硬派生抢。上街市买物资，如油、盐、酱、醋、青菜、萝卜等，大都不付钱。另外，他们偷抢、夺、拿，调戏妇女，吸大烟，逛窑子是常有的事。所以，老百姓对其恨之入骨，咒着国民党兵早早被枪子打死，国民党真不得民心。

可刘邓带领的八路军，就显然不同了。据陈瑞祥（同善社成员）在世时讲述，首先，刘邓首长在住房方面定几不准：不准住商业经营场所，如商店、饭店、行所、旅馆等，绝不允许扰乱商人做生意；要严格尊重民规民俗，不准住清真寺、祠堂、同善社等，不允许干扰吃斋、念经念佛；不允许住老百姓的主房，只能睡在老百姓的院子里，也不允许在老百姓家吵闹、高声喧哗和赤身露体；借东西要还，毁了要包赔，包括搭浮桥用的木船和家用门板；街面生意场上的门及家庭大门和主房的门都不借用，一律借用小门和旁门，并且要多商量，不准强派。例如：旧县西门路北李家胡同住着回民白东晓、马廷相、袁佩玉等家，他们家都住有八路军。白东晓家有三间西屋，一间厨屋，院内有一棵合抱的大榆树，有二十多人住院内，白天除了吃饭就睡在榆树下，夜间搭桥过河，吃饭都到路东王老头家，王老头老两口无儿无女，靠卖水为生，院子不大，栽有一棵无花果树，两间小屋。因为是汉民，军锅就支在他家里，一开饭，院里蹲不下，就蹲在胡同里吃，用过的碗筷都放在王老头家。因为西三家是回民，不能把用过的碗筷带到他们那里。八路军在王老头家每天开饭前，都要给老两口端些饭菜，部队走时，还送给王老头一个绿瓷缸和一个瓷碗。后他见人就说这是八路军送给他的，直用到去世。

还有一例，就是我家门口有位芦老头，名叫芦遂之，号称芦老遂。芦老遂做贩卖青菜生意，早晨买，上午卖，旧县那时是早晨逢集，街上人都忙着做生意，只有到了上午集罢（赶集的人走了），才有空买菜做饭。芦老遂听说八路军要来，本来不想再出生意，可剩的菜多，第二天刚把菜摊摆好，一抬头看见三个穿军装的人站在他的菜摊子前，他吓得两腿直哆嗦，结结巴巴地说："老总，我家穷得很，几口人都指望我……"没等芦老头把话说完，穿军装的就说："老大爷不要怕，我们是共产党八路军，是人民的队伍，我们有三大纪律八项注意，不像国民党的军队，吃你的菜不给钱。"芦老头把菜称好，放到筐里后，当兵的把钱一分不少地给他，并说，"我们还得住几天，以后都来你这买菜。"果然，军队住在旧县时都到芦老头这里买菜，他们一不讲价，二不看秤，三不少付钱，当八路军买最后一次菜时告诉芦老头部队要走时，芦老头激动地流出热泪，自言自语地说："我从未见过这么好的队伍，共产党要胜了，老蒋（指蒋介石）败定了。"

还有一事使我记忆犹新，那就是翟湾"翟好人"讲述的刘伯承首长吃粽子一事。"翟好人"以包卖粽子为职业，他的粽子在旧县有名气。刘邓大军指挥部（李丙献家）离他家不到百米，一天下午，张景文（与翟是同龄人，又是近邻，中华人民共和国成立后任西街大村长）约他带些粽子到李丙献家。两人来李家门口，见两兵站岗，张向他们说明来意，当兵的通报后，领他俩进去。张把粽子递给警卫，警卫品尝后，交给一个戴眼镜的大个首长。大个首长吃了又热又甜的糯米枣粽子连说"好吃，好吃"，就叫警卫付钱。两人说："我们是来慰问的，要什么钱。"可警卫追到大门外，拉着他们说："这是纪律，首长也不例外，你们不收钱，我是要受处分的。"他们收钱后议论说："八路军真好，有这样好的当官的能带不出好兵吗？八路军比国军强'八帽头子'（方言，意思比他们好得太多太多），国军要灭亡，八路军要胜利了。"直到中华人民共和国成立后，张景文才告诉翟好人，吃他粽子的就是刘伯承司令员。

在 20 世纪 80 年代，有一年八一建军节时，正在三角元木材公司做工（锯板子）的旧县木工马启山、翟立友、李良廷讲述了他们给刘邓大军搭浮桥过沙河的事。他们说，那时他们才十七八岁，正在河滩上排船，听说刘邓领导的八路军要从旧县过河到大别山去，要派船拉夫搭浮桥，非常害怕，在家里不敢出来。后来发现有当地人领着穿军装的人，分几"扑"（"扑"是地方语，意思是分几伙）到各船上与管船的（船老板）商量，借船搭桥过队伍。一些明智的船老板认为，以前国民党都是硬派，哪有跟你商量的呢？便同意了。到了天黑，就看见每只船上来了几个当兵的帮忙，把船驶到朱小店渡口，搭起浮桥，对于那些白天别不愿来的船只，八路军也不勉强，更没有一点报复行动。使船民欣慰的是，八路军战士爱护船上一切物件，搭板子都是小心谨慎，唯恐碰坏船和船上的东西。更使船民敬佩的是，军队从浮桥上经过，战士们都是喜笑颜开，说话和气，这使原先躲避的船民家属也逐渐走出船舱，主动和解放军战士招手致意。一位船老大高兴地说："以前我们见当兵的躲都来不及，尤其是妇女。而这会可好，不但不藏，还主动出来与当兵的打招呼，这真是东方出了个红太阳，天真的要明了。"第二天，有人来做他们的工作，要他们帮忙搭桥，他们说，你们不来我们也要去帮帮忙。到了天黑，他们几十个造船的工匠，扛着板子，拿着斧子和扒钉，又在旧县西王渡口搭了一座浮桥。本来预计五六天渡完沙河，结果只用三个夜晚，刘邓大军全部顺利渡过沙河。从此，马启山他们成了当地的积极分子，中华人民共和国成立后又当了基干民兵和干部。值得一提的是，刘邓大军离旧县时，把所有住户的卫生打扫得干干净净，水缸里都打满水，不欠老百姓一分钱。旧县老百姓做了很多军鞋等物送给八路军，有住过八路军的人家，分别时哭着送了很远。最典型的是卖水的王老头两口，摘一筐无花果送给八路军，并渡过沙河，直到望不见军队才回家。

刘邓大军跨黄河、过黄泛区，千里挺进大别山，有力回击了国民党蒋介石发动的内战。刘邓大军的严明纪律和实际行动，使国民党反动派及反动会道门的谣言不攻自破。刘邓大军在旧县的一切表现使人们清醒了、觉悟了，一些青年人当时就报名入伍，随军南下，旧县有个叫高谷宣的青年被逼为匪，后起义投诚，先给八路军带路，后参军南下，直到刘邓大军解放大西南后，留在四川省射洪县组建县粮食局，后任主要领导。刘邓大军过旧县后，中共旧县区委、区民主政府成立，张甫任书记，史逸亭任区长，9月中旬，沙河大队成立，史逸亭任大队长，李绳祖任副大队长。9月下旬，陈粟大军挺进中原，六纵进驻太和。9月30日，太和城第一次解放。

在这期间，旧县人民由于受刘邓大军的影响，都积极响应共产党的号召，有的参加了共产党，当了革命干部，后来都成了淮海战役太和支前工作的骨干，如徐振伍、崔德昌、邵忠臣等，袁佩玉的大儿子袁国瑞参加了革命工作，在抗美援朝时袁佩玉老人的二儿子袁国华当上志愿军，后光荣牺牲。还有芦遂之等人的儿子也陆续参军。中华人民共和国成立不久，白东小的二女儿白素云参军，成了旧县第一个女兵，白家成了光荣之家、军属。由于刘邓大军的影响，旧县还出现了劝自己在国民党军队当兵的家属起义投诚的事例。我所知道的有少校军医高云飞、刘则东、朱冠英等起义返乡，后在组建旧县医院时，他们都到医院工作，朱冠英还任医院业务院长。还有张柿园村的张治国、孙保信起义后参加了八路军，受了伤，还立了功，转业后享受残废军人待遇。由于刘邓大军在旧县的影响，后来在解放太和城、支淮战役、土地改革、反匪反霸等一系列工作中，都涌现出很多积极分子，使工作开展得非常顺利，那时旧县大多数人都有一个信念：共产党好，听毛主席话，永远跟共产党走。

革命史与解放

旧县是太和县城的北大门，也是军事要地，以前的历史暂且不提，就国共两党在旧县的活动与斗争的情况而言，不但时间长，而且也非常激烈。

据《中共太和党史大事记》记载，第一次国内革命战争时期，即 1927 年 9 月中旬，国民革命军第十九军（军长高桂滋）进驻太和时，共产党员曾晓渊（曾鲁）奉中共中央军委指示，带领三十多名党员由武汉来到十九军，成立中共十九军特别支部，曾晓渊任书记，公开身份为十九路军政治部主任，蒋昕松、张学静为干事。特支秘密发展党员，开展兵运、农运工作。10 月上旬，杨虎城率部进驻太和，军部设在太和北关天主教堂，部队分别驻旧县、亳州等地。在此期间，杨虎城特邀共产党员魏野畴到第十军，任命其为政治部主任。同时，有胡伦带领二十多名共产党员来太和。10 月，杨虎城将军废除县知事，成立县政府。11 月上旬，共产党员南汉宸（化名于基）来太和。11 月 15 日，杨虎城指示新县政府严惩一批土豪劣绅，当时一些土豪劣绅拉帮结派，不仅横行乡里、鱼肉百姓，而且也不把新政府放在眼里，被老百姓称为"老虎窝""豹子窝""疯狗窝"等。在魏野畴等共产党员的鼓舞下，杨虎城决心端掉这些"窝"，为民除害。15 日，他们利用旧县集逢古会时，将首恶分子、太和的名绅闪东川（旧县人）逮捕并枪决，杀一儆百，使许多劣绅畏罪外逃，再不敢为虎作伥。

1931 年 7 月，中共太和特支干事会成立，梅雪友任书记，王风翠（子英）任组织干事，顾衡任宣传干事。特支干事会隶属皖西北特委直接领导。10 月上旬，由于特支干事会领导、发动全县教师"索薪"并下乡宣传九一八事变，伪县教育局局长王振武怀恨在心，他利用师生宣传抗日的机会，指使爪牙冒充革命教师，在大街上张贴"打倒国民党"等标语，嫁祸给革命教师，然后又伙同国民党太和伪县府，加些莫须有的罪名，逮捕了领导"索薪"斗争的进步教师王清生、冯昌培等，激起广大师生的无比愤怒。中共太和特支干事会因势利导，把"索薪"斗争引向"驱王"斗争，号召全县师生罢教、罢课，发动和组织城关、旧县、大新、关集、双浮等师生二千余人示威并游行，高喊"打倒王振武、把王振武撵出太和"等口号，迫使伪县府撤了王振武的职、补发了教师的工薪，斗争取得了胜利。

1933 年 5 月，中共阜太县委执行委员张明远在旧县集东头白果树下主持召开党员会议，宣布将太和区委改称为中共太和特支，史天祥任书记，特支辖 4 个党支部，其中旧县史老家支部由史天祥兼书记。

抗日战争时期，1939 年 1 月，太和县执委会抗日救亡宣传团（简称少宣团）成立，并成立一个专业宣传队，办墙报、搞演说、表演专门到新四军学习的《牧童》《放下你的鞭子》《抓汉奸》《小放牛》等戏曲、话剧，在城关、旧县、界首（那时属太和）、税镇等集镇演出时观众达千余人，收到理想的效果。

1940 年 5 月，驻涡北的中共皖北特委根据太和县委书记刘振邦的要求，把旧县集朱小店人、共产党员朱心悦由苏鲁豫皖边区办事处调回太和旧县成立朱小店支部，朱心悦任书记，以"保长"的合法身份，在旧县地区开展党的工作。

1947 年正月，共产党员刘国祥（化名刘安民）受豫皖苏区党委派遣，由豫皖苏军区来到太和，经地下党员李绳祖介绍，与旧县地下党员史逸亭（旧县史老家人）、耿会臣召开当地中共党员会议，传达了豫皖苏区党委的指示精神，宣布成立中共太和工委，刘国祥任书记，李绳祖负责组织，史逸亭负责宣传，耿会臣负责地下交通，以旧县地区为主开展党的地下活动。

同年8月，中共旧县区委、区民主政府成立，张甫任书记，史逸亭任区长，同月刘邓大军经旧县朱小店、王渡口渡沙河挺进大别山。

9月下旬，陈（毅）粟（裕）大军挺进中原，六纵进驻太和，30日太和城第一次解放。

10月17日，县城在西门外召开六千余人的群众大会，公审伪县长仇天民，并将之就地枪决，大快人心。

11月国民党意图收复失地，调集重兵，向太和县委、县政府开展反扑，因寡不敌众，县委、县政府西撤，路经旧县向西北转移，太和处于拉锯形势。对此，国民党报纸曾以《七进七出太和城》为题做过报道。3月5日，华东野战军第十纵队泰安支队和晋冀鲁豫野战军第十一纵队第三十三旅联合攻打太和县城，歼灭守城国民党第七十四师一百五十八团二营及保安团、联防区全部，太和县城解放。旧县结束拉锯形势，正式解放。①

---

① 部分摘自《中共太和党史大事记（1919-1990）》，中共太和县委党史研究室编。

第二章 古镇风情

第一节　旧县的树

忆往事，心情浓，岁月流逝不回转，时景变迁难重返。清末民初时旧县沙河滩岸的景象，使人难以忘怀。过了年，打了春，沙河的冰冻开始融化。那时的天气比现在冷，每到寒冬腊月三九天，茅草屋的房檐下结的冰凌长一米多，有鸭蛋粗，雪白透亮，特别壮观。水坑里结的冰有一尺多厚，小孩和青年都在冰上摔跤、踢毽子、推铁环、溜冰等。

沙河上结的冰使河南岸北的人过河不用坐船，直接就在冰上走。拉大车、抬花轿也是常有的事。

到了春天人们多栽树。旧县沙河两岸栽树有讲究，大都栽柳树、榆树、香椿、泡桐和楸树。旧县人对柳树最有感情，据传早在东汉时，柳树就被认为是去病消灾之神树。《齐民要术》记载，"取杨柳枝著户上，百鬼不入家"。阳春三月是柳树最美、最受人喜爱的时候，处处桃红柳绿。唐朝诗人贺知章的《咏柳》，浓缩了古人对柳树的喜悦之情："碧玉妆成一树高，万条垂下绿丝绦。不知细叶谁裁出，二月春风似剪刀。"毛泽东主席的"春风杨柳万千条，六亿神州尽舜尧"等对柳树的赞扬是何等精确。南海观音手拿柳枝，撒甘露为民间消灾。因此，柳树成了吉祥物。所以在清明节有"人不戴柳，死了变条狗"之说。旧县的柳树林里，每逢春夏也是年轻人约会的好去处。

栽榆树是为了备荒。榆树历史悠久，先秦时期已广泛栽种。《诗经·唐风》的《山有枢》中即提到榆树"山有枢，隰有榆"，榆树既没有槐树的才干功名，又没有柳树的风流姿态。榆树之所以能赢得人民青睐，就是因为它是一棵救命树。《神农本草经》称榆树皮"久服轻身不饥"。榆树皮晒干磨面，可用来充饥，榆树的种子叫榆串子，早为绿色，成熟为白色，成串似钱串，故名"榆钱子"，谐音"余钱"。古人云，"阳宅背后栽榆树，铜钱串串必主富"。东晋时期陶渊明的《归田园居·其一》中说："方宅十余亩，草屋八九间。榆柳荫后檐，桃李罗堂前。"古人还认为榆树可辟邪，"宅后有榆，百鬼迁移"。因此旧县人那时都栽榆树。

香椿树是当地人最爱栽的树，因为当地水土好，阳光充沛，香椿口感最好，"泰和贡椿"就原产于当地。据说在北宋末年，皇帝南逃，路经泰和城吃了香椿拌豆腐和香椿炒鸡蛋，赞不绝口。从此皇帝每到谷雨前都要县令送香椿芽进京，从此"泰和贡椿"扬名。用泰和雨前的黑油椿拌豆腐、香椿炒鸡蛋是旧县出名的风味小吃。

泡桐树也是旧县地区人民极爱栽的树，泡桐树属玄参科，是落叶乔木，也是玄参科中少有的木本植物。泡桐长势迅速，五年成檩，十年成梁，是盖房的好材料。并且泡桐木质轻柔，不易生虫，是古人做箱子、柜等家具的主要材料。泡桐每年春天长绿叶开紫花，高大的泡桐树，满枝的紫花好看极了。

楸树，也叫紫楸。楸树虽然生长慢，但它的木质坚硬而轻，是造木船的主要材料，另外做桌椅、板凳、钱柜、水桶等都离不开楸树。那时旧县沙河两岸的楸树长得高大粗壮，每逢春天，满树的紫楸花，清香味扑鼻，让人心情舒畅。尤其在蒙蒙的春雨中，沙河两岸盛开的杏花、梨花、桃花加之高树满枝的泡桐、楸树的紫花，真是桃红柳绿，姹紫千红，景色怡人，是人民游春的好地方。

原旧县东南角有棵古白果树（银杏树，也叫公孙树，长寿树）。据民间传说，春秋战国时伍子胥保娘娘路经辖口时，种下雌雄两棵白果树。据民国《太和县志》载："古银杏在县西北七里，大四十围。枝荫数亩，相传为汉代物。"雌树树高十丈有余，粗约两丈，七八个人手拉手都搂不过来，根深叶茂，遮荫五六亩地，其中伸向西南一枝昂首状若龙头，巧合的是偏于东北角的后方也有一枝，垂近于地，形如龙尾。一人骑坐于龙尾之上，轻轻晃动，全树枝随之摆动，尤其是龙头，摇摆更甚，仿若一只腾云的青龙。即使骑坐十余人，依然如此，人称龙头凤尾。南朝宋文帝元嘉二年（425），县令成郜立碑"不许砍伐"。碑文称，原址曾植一雌一雄两棵白果树。此碑中华人民共和国成立初期还有，在1955年8月13日（农历乙未年六月二十六日），白果树遭雷击着火，连烧数日。后遭二次雷击，全树树枝被烧光。树残壳与根被当地群众砍挖，树碑亦随之不知所踪。由于树古老高大，被当地群众以神（白果爷）祭之。每年的春节初一至十五，善男信女成群结队前往烧香许愿，香火非常旺盛。尤其是每年的农历正月二十二、三月十八、十月二十二，旧县的东岳庙会等都在白果树下举行。周围界首、亳州、阜阳、涡阳、蒙城等地的人也都来赶会。最多时有万人以上，人山人海，摩肩接踵，热闹非凡。有诗为赞。

　　鹿邑《朱炎昭诗》
　　旧县东有两大树，几阅沧桑形已殊。不知何代戕一株，剩有尺余十围粗。
　　怒生青皮封其顶，形如鼋背色不枯。有时萌芽于□□，无人护惜被樵苏。
　　焉得挺秀成巨干，溜雨参天气一舒。一株体大牛可蔽，任尔婆娑足生意。
　　直干上摩九霄云，浓荫下覆十亩地。野火难烧捧日心，大风忽掀拏云□。
　　不染嚣尘□游仙，时有雷劫藏老魅。故国乔木此其尤，将军大树与之契。
　　千章应有鸾凤栖，群木尽是儿孙队，四面露根直奇古，苍皮偶有磨痒□。

一群瘦□欲啸风，十数蛰龙怒出土。我欲吟诗更绘图，愧无大笔如云帚。

无意人间称巨材，自是孤柱擎天陡。[1][2]

还值得一提的是旧县集后崔韩庄南坟地有两棵大杨树，一南一北，南边一棵粗大的树身昂扬向上，直刺青天，像男人的身躯，威武而刚直；北边一棵稍矮一点，略显秀气，树冠舒展铺开，似女人的裙裾，温柔而婆娑。据老人讲，这两棵白杨树是旧县崔氏的祖先从河南省孤柳树迁来后不久栽下的，距今已有一百多年的历史。一百多年来，它夏顶烈日，冬冒严寒，栉风沐雨，不折不挠，从小树苗长成了参天大树。

这两棵大白杨有多粗多高，那个年代没有人测量过。只记得我们五六个小孩手拉手都围不过来；站在树下仰头望去，仰酸了脖子也看不到树梢。大白杨树身光滑而有银色的晕圈，青中泛白，拔地而起，一柱冲天。两个硕大无比的树冠像两把巨大的雨伞，枝繁叶茂，密不透光，将一亩多坟地覆盖殆尽。它夏挡烈日风雨，冬遮冰雪寒霜，树上叶子片片向上，在阳光下闪着银色的光，微风徐来，叶片互相拍击，啪啪作响，恰似两棵高大的摇钱树。

---

① 据（民国）丁炳烺主修，（民国）吴承志等纂；邓建设点校民国《太和县志》（黄山书社2013年版）。（引文由崔献良供稿）

② 据朱炎昭五世孙朱洪勤主编的《飞仙朱炎昭》（合肥工业大学出版社2011年版）载：朱炎昭（1832—1919），原籍安徽颍州东南常白庄（今阜阳市阜南县朱寨镇）。（引文由崔献良供稿）

大白杨是鸟儿的天堂。花脖的喜鹊，黑嘴的乌鸦，长腿的鹬鹭……应有尽有，数也数不过来。最多的还是麻雀，成片成群，飞过来，飞过去，像是一片片飘忽不定的乌云。树杈上垒满了大大小小、各式各样的鸟窝，数不清数目。最难得的是数百只不同的鸟类同居一树，和睦相处，很少发生争斗。整个树冠既是鸟儿的家，也是鸟儿们的舞台。不同种类、不同颜色的鸟儿一天到晚演着各种舞蹈和大合唱，它们的翩翩舞姿和美妙的歌喉，让人百看不烦，百听不厌，叹为观止。最精彩的是每天早上百鸟齐鸣，方圆几里都能听得到；傍晚百鸟归巢，四面八方的鸟儿都朝着两棵大白杨这一共同的目标飞去，蔚为壮观。

周边老百姓称这两棵大白杨为神树，平日里都有人去烧香、敬神、求仙显灵，保居家太平。[①]

第二节　沙河岸边的码头

沙颍河是皖北水上运输的大动脉，旧县的码头非常兴旺发达。码头分生活码头和货物装卸码头，生活码头是木板做的由岸边伸往水中的长堤，用于旧县集上居民到河里打水、洗衣服、淘粮食。货物装卸码头是专供上下货物用的。那时河下停船多达千只，竹筏、木筏不计其数。上下货物从早上到傍晚一刻也不间断，号子声响彻天空。

早在原始时代，凡"举重"，必唱"劝力之歌"。所谓"劝

---

①　上文由崔献峰供稿。

力之歌"，就是后来的劳动号子。一些协作性较强而劳动动作在节奏、速度上经常变化的集体劳动，需要步调一致、动作协调，如果没有统一的指挥号令，动作就会参差不齐、力量分散，劳动就无法顺利进行。劳动号子就是人们在这类劳动场合，为了统一节奏、协调动作、激发劳动热情和缓解疲劳而唱的一种歌。号子的节奏规整有力，有的短促轻捷，有的长而舒展，有的曲调深沉有力、节奏性强，但没什么歌词，只是"嘿""哟""嗬"等。号子是劳动人民伟大力量的一种艺术表现形式。

那时专职装货的人叫"扛脚的"。"扛脚"最累人的是卸石磨坯子、盐包和碗等。一个石磨坯子大约二三百斤重，一个盐包两百多斤，由四个人抬起来放在一个人背上扛到河岸上，有的还要直接扛到商行里。碗碟装在一个大箩筐里，一筐能装二三十"纣"碗，一"纣"碗约三十只，用褚皮经子（方言，指绳状物。）捆在一起，由两个人从船上抬到碗店里。粮食和山货也是如此搬运。"扛脚的"上下货物时，强度之大可想而知。所以他们在作业时就自然打起号子来，用他们的行话说打号子就是喘喘气，打号子感觉舒服。脚行的号子粗犷、响亮、后音长，"使猛劲呀，要小心呀，快完了啦"等。

还有一种梢公号子，那时每天从旧县沙河段来往有百余只帆船，拉纤天天都有。人们常说，顺风船好使。碰上顶风时，人们用一根纤绳，一头拴在船的桅杆上，拉纤人用三角拉纤板拴在另一头，在河岸上拉着船，少则有二三人，多则十来人。他们弯腰伸头，好似雁南飞，嘴里不断发出"使劲啊，慢慢走，看着路呀"等船号子。声平、低弱、后音长。但是号子统一，步调一致，只有这样拉纤，才能劲向一处使。

打铁也有号子，旧县河滩上有几十家造船的，造船用的铁器特别多，所以铁匠炉也都随造船的来到了沙河滩上。他们打铁钉、铁锚、铁链等，称大红炉。要锻打的铁器先在火炉中烧红，然后移到大铁墩上（也叫铁砧子），由师傅指挥，下手握大锤进行锻打。师傅经验丰富，右手握小锤，左手握铁钳，在锻打过程中，下锤的动作要快，要用大力气。所以打铁的号子声音高亢、快、急，是单字音。人常说：趁热打铁。

砸麻捻的号子声。捻船是造船的最后工序，捻不好，船就要漏水。砸麻捻是捻船的关键。这是个力气活，需要把石灰、麻窝子和桐油掺在一起，硬把它砸成捻泥。砸麻捻是人用二三十斤，乃至四十余斤重的大油锤（铁锤）抡起来硬砸，要使大劲，所以砸麻捻喊的号子为单音"嗨，嗨"，声强有力，不快不慢有节奏。

最有趣的是新船下河的号子。新船下河就等于岸上盖房子完工。新船造成后，下河时先在船下制成"泥水碗"，根据新船的长度，订做不同数量和大小的泥水碗（用黄胶泥堆圈子，里面灌上水），下河时把船落在泥水碗上，新船后面栓一横木，两边各栓条大绳，每边几十人拉住大绳，新船头上站着一个人指挥。指挥人赤膊上阵，一手拿大铜锣，一手拿锣锤子。一敲锣就喊一声"使劲了，新船下河了"，底下拉绳的人也陪着船头上的号子呐喊："嗷，使劲呀。"新船下河后，人们齐喊："新船下河，老鳖敲锣，船家撒馍。"于是管船的船家抱着馍斗向下面撒馍。馍是好面做的高桩蒸馍，上面点一个红点，表示喜庆。新船下河的号子声高响亮，节奏快，上下配合默契。

最让人振奋的是沙河两岸建房夯实地基时打夯的场面，嘹亮的号子声和夯石着地时发出的声响，能传出很远很远。夯是一块长方体的石头，大小不等，大的有一二百斤重，竖直地捆在一高一低两根木棍上，长的即夯把，夯下四周系着夯绳。打夯一般需要七人，一人扶夯把，称为"掌夯的"，其他六人牵绳分布在四周。因建房多在晴暖时节，人们多光着膀子，打夯时还要喊号子，先由掌夯人领喊，再由其他人喊"夯喽——"应和，这号子的作用一是振奋精神，鼓舞士气；二是指挥协调，统一步伐。开始时掌夯人喊"启动夯喽——""夯喽——""都帮腔喽——""夯喽——"；前行时喊"向前打呀——""夯喽——""向前排呀——""夯喽"；若是用力小，夯提不高时，便喊"使停劲呀——""夯喽——""架起来呀——""夯喽——"；若是有的地基不实，需多砸几夯时，则喊"这地方呀——""夯喽——""有点软呀——""夯喽——""使劲砸呀——""夯喽——"。起初声音低沉、舒缓，夯掷得较低，渐渐地，号子声变得急促、高亢，夯也掷得高了。掌夯把、牵夯绳都需要技巧，提夯时，牵夯绳的人弯腰围拢夯石，同时猛提、上掷、松绳，至最高点时，有时掌夯人需踮起脚跟握夯把，在夯石下落时，人们快速后退，掌夯人要顺势调整夯石运行方向，以便夯石落到目标地点。有时因为用力不均，夯石运行方向及落点难以控制，掌夯人会喊"夯把子拧啦——""夯喽——""劲不停呀——""夯喽——"；假如夯石向西倾斜，说明东边的人用力小了，掌夯人会喊"东边的人呀——""夯喽——""要使劲呀——""夯喽——"。有时掌夯人还会即兴编号子，连男女情怀都编进去，听得在场者放声大笑。每当号子声达到高潮时，便会引来在场年轻男女的围观，像是欣赏震耳的号子声，又像是欣赏他们晒得紫红、流着汗水，虽不矫健，也算强壮的臂膀，甚至和着号子喊起来。打夯人像是受到鼓励，喊得更响，夯掷得更快、更高了，于是，形成了一曲打夯号子的大合唱。①

五花八门各种声调的号子声响彻天空。坚强有力，声音宏亮动听，它反映出劳苦大众的艰难困苦，也见证了贫穷落后人们出大苦力的岁月。

春暖花开，沙河滩上是旧县集游玩的好去处，有放风筝、打秋千、斗鸡等。尤其放风筝，男女老少都爱好。风筝种类很多，有八角、大米花（七十二个角）、长龙、水梢（桶）、蝴蝶等几十种。有的风筝还带有哨子，风筝飞上天，哨子响声圆润又悦耳，好看又好听。张家染坊有个张哑巴，是扎风筝的高手。

夏天沙河滩上是人们避暑的好去处，河水清澈甘甜，没有一点污染。河水清清，鱼儿畅游，沙河边码头上聚满了大姑娘、小媳妇洗衣服、淘粮食、洗菜，小鱼群吃麦余子，人赶都赶不走。小孩腿上长个小疮，睡在河边上，小鱼马上游来咬疮处，又痛又痒，咬得冒血，回家贴个小膏药，一两天就好了。种地最累人，三伏天锄草、打秋叶，都是汗流浃背，累得头昏脑涨回家，赶紧跑到沙河里洗个凉水澡，真是清凉舒畅，惬意非常。每到傍晚，太阳快要落山了，集上人和北边丁凡庄、谢庄、马元、管庄等村的村民，拉个席子，掂个茶壶，领着小孩，先到河里洗个澡，再

---

① 本段由汪茂明供稿。

到坝上喝茶叙家常。东从龙王庙，西到翟湾都没有闲地方。天黑了，沙河里，男人洗过女人洗，有时男东女西同时在河里洗澡。河里的嬉水声，河岸上卖小吃的吆喝声，加之唱战鼓书、曲艺声汇集一处，响声冲天，热闹非凡，不亚于庙会。

第三节　沙河逮鱼

河上打鱼，往往是一个人在船后划船，一个人在船前撒网，来回漂荡。也有拉吨钩和拉磨滩网、撒窝子打鱼的。更有趣的是划白船逮鱼，白船有两三丈长，三尺来宽，船的一边挂着五六尺宽的一块白板，用桐树板制成，刷上桐油和白漆，雪白透亮，闪闪发光。船的另一边挂上横网，以防鱼儿飞下船。划白船的人一要胆大，因为落黑头加阴天，没有人的地方，才能划到更多的鱼。二是技巧，要始终保持好平衡，否则遇到水浪会翻船。旧县西韩井、叶李划船的最多。

鹰船逮鱼也是沙河的一大看点，每年进入腊月，总有百来只鹰船（大都来自沙河上游的界首、沈丘等地）来旧县沙河段逮鱼。鱼鹰就是鸬鹚，玩鸬鹚是一种古老的传承技术，我们当地叫"玩鹰的"。玩鹰首先要学会养殖鱼鹰，训练鱼鹰。用木棒连接在一起的两只小船，每只小船上一边站3～6只鱼鹰，玩鹰人两腿叉开站在两条船上，手拿一根两三丈长的竹竿，一头栓着一根小绳，用来钩鱼鹰。鱼鹰下河前不喂食，叫饿鹰，因为它一吃饱就不逮鱼了。并且下水前还要用一根小绳扎住鹰的脖子，防止它逮着鱼吃到肚里。几十只船、几百只鱼鹰下河，玩鹰人的吆喝声、鱼鹰击水声、岸上的喝彩声汇集在一起，响彻云霄。可是每当鹰船来旧县时，当地逮鱼人联合起来跟鹰船打官司，两方都向伪县府进贡行贿。最后判准许鹰船在本地逮一两天。那才是鹬蚌相争，渔人得利。

发水过鱼也是一件有趣的事。每年夏末秋初时，沙河都要发一两次大水。发水时浪涛滚滚，泡沫满河。河水里面飘着牛羊猪及各种杂物，有时还有死人之尸，呈现灾情的凄惨状况。河水涨满，人们打坝忙。一发水，沙河的流水声，十里以外都能听见，特别响亮。响声也给人传递一个信息，河里又要过鱼了。这时方圆十里八村的人，男女老幼，大人小孩站满沙河两岸，有的人拿着筐、撒网逮鱼。有经验的人能逮到几十斤或上百斤的大鱼，抬到街上分块卖。人们常说，吃鱼没有逮鱼欢，沙河下逮鱼的人欢天喜地，热闹得很。先鱼后虾，到过蚂蚱时就结束了。

第四节　求雨往事

农谚说："有钱难买五月旱，六月连阴吃饱饭。"虽是这样讲，但实际情况是大旱不过五月十三，传说到了五月二十五是老龙探母的日子，如果天还不下雨，地里的庄稼就要旱死了，农民也就沉不住气，这时就要向老天爷求雨。

旧县求雨的方法首先是"震马子"，也叫"震马皮"。大家自愿筹集资金买上贡品（鸡鱼肉之类）放在两人抬着的八仙桌上，烧香、放炮。锣鼓队前站着马子（马子是穷苦单身汉扮演的，穿着专用衣帽），念道："马子手拿法令棒，锣鼓敲得震天响，马子令棒指得慌。拍胸昂头高声喊：'大帝派我查灾荒，三天之内下雨来，平民百姓敬天爷。'"就这样反反复复，热闹一上午才结束。

二是抬关老爷求雨，如若"震马子"后没及时下雨，人们就抬三官庙的关公出来求雨了。旧县三官庙的关公泥塑坐像有五六尺高，身着绿袍，蚕眉虎眼，紫红脸，长胡须，威武庄严。求雨时用八人抬着，前面贡桌有祭品，敲锣打鼓放鞭炮。有一年说来也怪，抬着关老爷的队伍从三官庙才走到西门外赵连松饭店门口，天就下起瓢泼大雨，大家只得把关老爷放在饭店门口，用东西盖好离去。这可能是巧合。

还有一种求雨的方式叫十二寡妇扫坑。抬关老爷求雨是常事，但十二寡妇扫坑，不旱到一定程度不举行。因为选十二名寡妇不容易，首先寡妇要身体好，经得起劳累。二是名声好，没有流言蜚语。三是自愿为大家办事，是热心肠的人。扫坑大都在旧县的金家后坑，在那天，十二寡妇穿着素色整齐的衣服排成队，烧香放炮，敬过神后，在指挥人的带领下，口中唱着："老天爷，您老听，此地旱得真不轻，坑干水净庄稼枯，再过几天不下雨，秋季庄稼难收成。今天十二寡妇来求雨，扫的扫，塇的塇，三天以内下满坑，过年杀猪宰羊祭神灵。"举行此仪式，看热闹的人很多。还有一年，"震马子""抬关公""扫坑"都用完了，天还没有下雨，不知从何处传出，说因为河南岸出了"旱魃"（旱魃传说是人死入棺后，亲人见最后一面时，眼泪落在死者身上而长的白斑），天才不下雨。想让老天爷下雨，必须开棺暴尸去旱魃。结果真的挖了一座坟开棺暴尸。可见那时的人多么愚昧无知。

第五节　磨行街的锻磨声

旧县火神庙街南头，由于磨行的兴盛，人们都管这里叫磨行街。磨行街最兴旺时有百余锻磨人。锻磨是石匠的一个工种，石匠是以前八大行当"木、泥、石、画、竹、扎、油、绳"其中之一，起源古老，可能在石器时代就已存在，有几千年的历史。石匠敬奉的是鲁班。磨行街实际上就是把磨坯加工成磨出售。石磨大体分面磨、油磨和水磨（豆腐磨和粉磨），大小不一。大磨直径长，厚，出磨效率快，但推起来重。一般穷苦人家买小的，用人推。锻磨虽是笨活，但也是技术活，上下磨时全凭力气。技术好的匠人，同等的磨，每百斤麦能多出十几斤好面，并且用的时间也少。锻磨石匠的主要工具是錾子。它用好钢材打制而成，坚韧锋利。另外还有剁斧、铁锤，用皮子做的袋子装着，石匠携带方便。石匠做活分两种，一种叫砍新磨，另一种叫锻旧磨。旧县磨行街大都砍新磨，先把红石的磨坯子用剁斧砍平，再打洞（进料孔），使粮食从此孔流入龙口。做龙口和磨齿是整个磨的关键环节，关系到磨的食物质量和速度，锻面磨、油磨、水磨的区分也都在这两个地方，好的锻磨师傅，不但能锻面磨、油磨、水磨，并且在同等的磨上，手艺高的锻匠锻出来的磨，每百斤芝麻多出 3 ~ 5 斤油是常有的事，时间还要快 10 ~ 20 分钟。所以那时好的石匠师傅在吃饭时，都离不开酒和菜。学徒在学艺的三年内想学会在"龙口"和"磨齿"上的关键几锤可不容易。

第六节　旧县沙河湾的排（造）船

造船是旧县的古老传统手工产业。据老匠人讲，早在北宋时期辖口（旧县）人就会排小渡船和小鱼船，进入"泰和"县时期，造船业得到大力发展，能制造出在河里行驶的大船。到了明清，尤其进入20世纪初，旧县人就能排造十多个型号的木船，如"对联桦""江溜子""大艋子"等。造船匠人达千余人之多，上百户人家都能造大小不等的船只。旧县西河滩上是造船的集中点，最兴旺时有四十多家。大约在1913年，有一家能造出炮船20余只，还有一家在3个月内，给长江一用户排造出近百只大船，基本形成批量生产。那时每天都有数十只新船下河。旧县造的木船，用当地楸树，木质坚硬而轻，坚固耐用。并且造出的船美观大方，型号多样，深受用户欢迎。

旧县造船工人叫大木工，它由三个工种组成，即锯匠、排匠、捻匠。解锯工首先把原木根据需要的尺寸用墨斗画（打）上线，抬到龙门架（有两根木桩埋在地下一部分，上部用绳栓紧）上，上、下两人拉锯，一来一往。那时的锯解匠非常辛苦，不论三九、三伏，都在河湾滩上干活，锯匠最不愿干的活是刷大锯，刷锯是用一把锉横着放在锯齿里，用手来回推拉，直到把磨平的锯齿锉锋利为止。刷锯不但弯腰劳累，最使人反感的是刺耳难听的刷锯声，被当时人称四难听之首。

排匠是造船的设计师，拼料、造型、组合都由排匠安排制造。原料的用度、造型的美观、质量的好坏都在排匠手里，责任重大。

捻匠负责造船的最后工序，像房子盖好后，进行装饰。捻匠的技术直接影响行船的安全。新船漏水是严重的不合格，是不能下水的。那么一点点小孔捻不到位都不行。捻匠的工具是大小不同的铁凿子、斧子、灰条子。捻好后再用桐油油得发光透亮，一只新船就成功了。现在会锯、排、捻三工的人已为数不多了。

旧县沙河滩上还有一种不雅的景点——露天公厕，本地叫沙坑茅房。在那"巧种庄稼不如多上粪"的年代里，种地人真是见粪如宝，一有闲空就背筐拾粪。在那造船匠人多的沙滩上，人们用锹在沙滩上挖直径2～3米，高2米的沙坑，留一门，人们就在里面解大小便。最多时有几十个。由此可见，沙河滩的造船匠人之多，并且更能显示出种地人对粪肥的喜爱。以上这些现象再也见不到了。

第七节　度量衡和算盘

度量衡历史悠久，在秦王朝以前，度量衡非常混乱，计量单位不统一，到了秦始皇灭六国，统一中原，建立了秦王朝后，统一了文字、货币及度量衡等。度量衡的统一有重要意义。

到了20世纪初，旧县的度是以厘、寸、尺、丈为单位，十进位，十厘为一寸，以此类推，工具是尺子。尺子有木制的，也有铁、铜制的，有一尺、三尺的，大都用在染坊、布店、裁缝铺子等处。五尺杆子大都用来丈量树木和土地、建筑、造船等。使用尺子也有一定技巧，比如：量布，一个好手（技艺娴熟的人），丈把布能悬殊一尺左右；丈量土地，一亩地也能悬殊几分。行话叫"放尺窝"，人们叫"少岁尺"。量尺人常常许诺：我少你一尺，短我一岁。

那时的量制是以合、升、斗、斛（石）为单位，也是十进位，十合为一升，十升为一斗，十斗为一斛（石）。那时的量具是斗和升，两种用楸木制成，底大上小，四方形，上口有一横梁，是用来拎斗的，上下四角包有铁皮，斗用桐油油得透亮，另外还有一个丁字形平尺，用于测量粮食，是粮方（行）子的主要工具。那时粮方子不用秤，全用斗粮方子，一般用斗盒和升盒。拎斗人（也是粮食行的交易员）叫"斗把子"，粮食交易的手续费，不收钱，叫"撒盒子"，也是在拎倒斗时撒点粮食，按成交额大小确定撒的盒子多少。斗把子在过粮食时，都是高声报数，有腔有韵，有板有眼，使买卖双方都能听得清楚，好"斗把子"用手一挖，两手一拍，尺子一平，每斗也能或多或少落点。一斗粮食多少二三斤你看不出来。一般给大客商收粮食，"斗把子"大都使用这招，因为出的数，方子里（行里）与客商均分，卖粮食的客户看不出来，这就叫聚少成多。好斗把子是粮方子的大红人。

衡，也叫秤，秤是计物品的一种器具，用来计算物品的重量，是人们生产生活中不可缺少的一种器具。秤有几千年的历史，到了民国时期，我们地方使用的秤是十六进位的，即一斤十六两 = 160 钱 = 1600 分 = 16000 厘，唯有 100 斤是一旦（担），这是十进位。在中药计量方面，小的数字如钱、分、厘用得更为普遍和持久。秤可分为大秤和小秤，大秤能秤千儿八百斤，叫钩子秤；小秤可小到两、钱、分、厘，药铺里常用，有人叫"戥子"，是最小的秤。也有盘子秤。

制秤的工具繁多并精细。首先在选料方面，大秤的秤杆多是用枣梨树，也有用紫檀木的；中药铺的小杆秤有用象牙和银子制成的。这些原料的特点是坚硬不吸潮，不易变形，制出的秤光滑好看。秤料确定好以后，先制作坯子，再刨圆（专用的凹槽刨），打磨抛光定位钻眼，上秤星子（用细的铜丝插进钻的孔里，再用锉刀挫断、挫平），定准星和上刀口。定准星是从秤的一头开始，一杆秤分上下两行，上行俗称"背"，下行俗称"怀里"，上行的计量大。一般的秤，上行是一斤起头，下行以两起头（大秤有五十斤、一百斤起头的；小秤也有以钱起头的。准星定好后，就开始上刀口），用刀口的秤是比较精密的，大的商行、店铺用的都是刀口秤。刀口是铁制的三角形，插进打好孔的秤杆上，上面挂着铁制的钩子，套在三角柱上，三角柱的下口要求锋利，与上口吻合，刀口越吻合，也就是说刀口越灵巧，秤越准确。

也有简单的在秤杆的一头，钻个眼，穿上线缆或麻绳、皮条，做秤合系。这大多秤青菜、萝卜等不太贵重的东西。

秤两头一般都镶上秤束子（有铁、铜的，还有个别商行用金箔的），然后根据秤的大小和重量来配置秤砣，秤砣是用铸铁（生铁）铸造而成，有圆形的、方形的，秤砣中间一面有一小洞，用来调整秤的准确度。人们常讲：老头离不开老婆，秤杆离不开秤砣，两个缺一不可。秤在民间也叫"公道木"，它能体现一个人的德行和信誉，足斤足两抬头秤是公平交易的象征。可是在集市上，缺斤少两的现象也常有，人们称它为"短命秤""没良心秤""坑人秤"。玩这些秤有以下几点手法：1. 换秤砣，玩秤人弄两个大小不同的秤砣，买时用大的卖时用小的，趁人不注意换秤砣。2. 秤星子定得低，一斤只够八两，大都是卖东西用的。3. 秤砣眼里塞东西。4. 玩大秤的一手扶刀口，一手掂秤砣，物品挂上秤钩后，右手把秤砣绳子往下一垂，再把秤杆往外一推，秤杆光颤颤就是不起来，等到将要起来的时候，手攥住秤杆就报数，这样的手法要眼疾手快，客人不注意的时候才用的招数，这一招几百斤东西压几十斤，觉察不出来。使亏心秤的人只要出了名，失去信誉，生意自然垮了。那时候，因为用短命秤生意做垮的大有人在。那真是：公平交易（规矩使用度量衡）生意兴旺；缺斤少两自取灭亡。这就是生意场上的生意经。

算盘是用来算账、核算、物资交流结算的工具，历史悠久，具体年代我没有考证。我记得在旧县集，不论商行、店铺以及做小生意的人，大都会使用算盘。算盘是用上好的、坚实的、不易裂的木材制成，长方形的框架，约在框架四分之三处加一横梁，横梁中间打眼穿上铜柱（也有木的或铁的），在横梁的上端（四分之一处）装上两个算珠（扁圆型木珠，中间有小孔），横梁下面装有五个算珠，每柱上下共有七个算珠。最好的算盘是用紫檀木制成，四角用铜片镶包，横梁的两头也用铜片接连。有的横梁上还有一条长铜片，上标着个、十、百、千、万、十万、百万、亿的数字。横梁上的珠子，一个代表"五"数，下面一个代表"一"数，一串七个算珠总的代表十五。初学算盘的人，先学"三变九""九变九"，这是加减法，然后学归片（变）子，这是乘除法。计算大数字，就要学会"凤凰三点头"等。以前，从上私塾就开始学算盘。生意人从小（五六岁），父亲、爷爷或账房先生就开始教他们打算盘。旧县顺河街及碗店街白天到处都能听到拨算盘珠子的噼啪声，尤其是到天黑，生意打烊后，店铺的账房先生算账，掌柜的练习，徒弟学打算盘，集合起来的噼里啪啦、清脆响亮的算盘声，悠悠呼呼地冲上静悄悄的夜空，显示了旧县商业的繁荣景象。

算盘文化不但历史悠久，内涵也非常丰富。学会打算盘，就有人相请，按现在的说法，就是当会计，那时候叫账房先生，是掌柜的高参，也是主子的灵魂。当账房先生心术要正，人常说"算盘珠子不饶人，一是一、二是二"。但是也有的黑心老板遇上歪心账房先生，算盘也成了坑害人的工具了。以前的"高利贷"，算盘珠子拨得让你头昏脑涨，家败人亡。因为穷人大都不会算账，只能任人瞎蒙。会使算盘的人还是好人多，人常说，好账算不赊。再大的数字，算好都会分毫不差，算盘也是中国人的一个重大发明，也可称得上数学史上一颗璀璨的明珠。随着计算机的快速发展，算盘辉煌的时代现已结束。但它将永远向人们传递着悠久丰厚的文化，是人们很难遗忘的社会遗产。

民俗文化是中华民族的一颗璀璨明珠，源远流长，内容丰富，涵义深广。每个民族、每个朝代、每个时期、每个地区都有一定的民俗习惯。但民俗又是一种活的文化，它随社会和社会制度的变化而变化，不同的朝代和时期有不同的民俗，民俗能反映当时的社会制度、人文思想、道德品质等。

第一节　婚庆礼俗

旧县在20世纪50年代之前在婚姻方面的民俗和规矩如下：

说媒　也叫提亲。"男大当婚，女大当嫁"，男女长到十六七岁时，父母就托请"媒婆"（专职婚姻介绍人，有偿服务），也有媒婆主动找上门来提亲，那时强调"天上无云不下雨、地下无媒不成婚"。给媒人介绍费时，要用红纸包住，包"红包"由此而来。没有媒人说合，就称不上"明媒正娶"，那时没有婚姻自由之说。

相亲 相亲前，男女双方都要找亲朋好友及知心知己的人，询问（打听）对方氏族、家族、家庭的官势、财力，当婚人的真实年龄，兄妹几人，排行，是妻还是妾所生。更有甚者，把当婚人的主要亲戚的情况也要打听清楚。那时注重"门当户对"，更注重礼仪，要看家庭是否有族训、家规。有的家庭称"老门老户"，没有的被称为"没门槛子"的家庭，也就是说没有家教、不懂礼仪。不懂礼仪的人，世人看不起。"老门老户"受人尊崇。后来，在某些方面包含着对穷人家的贬低。两家打听后，认为合适，就安排男女见面，这个过程非常重要和复杂，因为当时"借人相面、借家相亲""走马观花""暗灯下相见"常有发生，也有个别父母贪图对方的人、财，瞒骗自己的子女。在那"嫁鸡随鸡，嫁狗随狗"的社会，一旦拜过堂，就没法反悔。相亲后交换当婚人的生辰八字。

定亲、下聘 双方家庭同意，就定亲，定亲就下聘礼。男方请出自己的至亲好友或者德高望重的人，备上聘礼（包括金戒指、金手镯、金簪、银簪、衣料等。根据家庭情况，送的聘礼，也不相同）。女方痛快地收下聘礼，这就说明这门婚事已成。也有个别家在送礼时闹出纠纷，婚事不成。

择日、传帖 也就是送"好"。男方请懂历法的人，经过测选，选定良辰吉日。在结婚日期上，注重的事情及忌讳有：男女一家服重孝不满三年（即本人的父母和祖父母亡后不过三年）不能结婚。滑年（本年没有立春日）不能结婚。忌讳五、六、七、九月结婚，俗语说五月羞误，这月结婚使两家不和或婚事失约；六月为半年娶妻不吉利；七月为鬼月，娶妻如娶鬼；九月为狗头重，九狗同音，非常不吉祥。更讲究的人家，忌月破、平日、收日、闭日、劫煞、灾煞、月煞、月刑、月害、亥日等时间结婚。经过女方家长同意，男方就请出四大媒人，备上彩礼（喜盒、四色礼），送上大红帖，择日迎亲。结婚吉日，大都选双月双日（比如二月二日等），更要符合男女双方的生辰八字和属相。

贺喜、挂对子　定下日子送过"好"之后，男女都告知亲朋好友、老少爷们、族亲四邻。结婚之日，他们开始给新人"添香"送贺礼。尤其是男家，至亲舅父、姑父、姨夫及本家族等人，不但挂对联还要挂"帐子"（就是用块红绸子或者大红布在对子中间，写上"金玉良缘"等吉祥词语，以示隆重）。在当时为争自己的"帐子"挂在正面，纠纷常有发生，舅、姑及本族发生争执的最多，大多请长者出面协调。挂好对子，在自家与本族家贴上大红双喜和红对联。晚饭后放炮、吹响（唢呐），叫"暖房"。找一小男孩，新郎官的嫂子、婶子及四邻的人闹上一阵子。但寡妇、戴重孝之人及不出满月的产妇在新婚三天内都不许进新房。

迎亲、拜堂　这一程序是整个婚礼中最隆重最热闹的时刻。男方早晨把院内打扫干净，富裕的家庭请的唢呐班子在家门口吹上欢乐的曲调，如《百鸟朝凤》等。院内摆上八仙桌子，桌前挂上用红布制的"桌头"，桌上正面放上"皇天后土"的礼牌，礼牌前摆上两台蜡烛和香炉，桌面上另一侧放上黄表纸。那时的花轿是四人抬的大红花轿，轿衣绣着"八仙过海"及"白蛇传"等图案，轿顶横立仙人塑像，四角挂有飘带或者红风铃等。轿夫踩着乐调，迈着有节奏的步伐，花轿摇晃起来，特别好看。花轿源自古代的"轿子"，据《史记》记载，古时候有一种名为"肩舆"的交通工具，是轿子的雏形。到了唐朝，文献开始出现了"轿子"，那时称"步辇"，是皇帝专用交通工具。古装戏剧中有这样的唱词："有寡人坐金足辇来到龙廷。"这里的"金足辇"就是"轿"。到了南宋，孝宗皇帝曾为皇后的辇上罩上红绸，红绸上面绣上四条游龙。"辇"中软椅绸幔，奢华高贵，名叫"龙肩舆"。后来皇帝迎亲、纳妃都以用此辇迎娶，以显高贵。这种迎亲形式流传民间，就成了娶亲必坐轿的规矩，不过民间花轿不绣"龙案"而用八仙过海等图案。轿子除娶亲外，也成了高官贵人及人们的代步工具，高等轿子有八人抬，简者为两人扛。那时旧县数李楼和新街的花轿最为出众。

富裕家庭不但有唢呐班子，还有三枪（三个炮眼的土枪，喜庆专用，等于现在的礼炮）、对子、锣（两个大锣，也有用四个的）。另外还有四个吹笛手配合的鼓、锣的击打，激情高昂，悦耳动听。迎婚仪仗队前面有两个打簸招（用鲜竹上面挂着红纸剪的双喜等吉祥符条）的，后跟四个男孩打着宫灯，还有人牵着一只老绵羊和一个男孩扛着门帘钩子。新郎官骑着高头大马，头戴礼帽，穿着长褂，脚穿新袜、新鞋，前胸挂着大红绣球，春风满面。轿里坐着身穿全新衣服的小孩，名曰"压轿的"（那时的风俗不兴抬空轿，压轿的小孩都是至亲）。轿后抬着礼盒。礼盒里装的是一桌席菜，也有抬上一坛酒的。还跟着几个抬嫁妆的男子（抬嫁妆的都是男方去人）。由新郎官的老表（表兄、表弟）

放炮。

发轿一般在七八点钟，起轿时鸣炮奏乐，一路吹吹打打，热闹至极。当新媳妇的两三天前就开始减食，只吃点鸡蛋，当天也不敢多喝水，因为新媳妇那天是没有机会去解手的。女方家亲人早起给新媳妇梳洗打扮"开脸"（也叫绞脸）。那时民俗规矩是男孩不结婚不刮脸，女孩不结婚不"开脸"，不挽髻（戴簪）。给新娘子"开脸"的女人必须是好命人，也就是父母、兄弟姐妹、儿女都全的人才能"开脸"，开脸人手拿一根捻好的细棉线，用两手使线呈两角交叉状，把粉涂在新媳妇的脸上。用线贴在脸上一张一弛，口中念"一绞金、二绞银、三绞小孩不闹人"等，把新人脸上的汗毛（茸毛）绞干净。给新人挽髻后，换上新衣，新媳妇的衣服不能有口袋，以免带走娘家财富。新娘穿好新衣，穿上绣花大红鞋，一身全新，向父亲母亲兄弟姐妹告别。新人上轿，嫂子不能相送，因与"扫帚"同音。新人大都哭哭啼啼，那时注重的是哭发，大哭大发，不哭不发，这就叫哭嫁。相传，战国时赵国的一公主嫁到燕国做王后，临别时，公主的母亲赵太后"持其踵，为之泣，祝曰，必勿使返"，后来民间流传出嫁的闺女上轿前必与母亲哭别，并且认为"哭嫁"是一种衡量女子才智和贤德的标准。上轿前，女子哭得越凶，大家认为此女有教养，对父母和家人有孝敬和亲恋之情，如果不哭，则被耻笑或看不起。哭嫁以示即将离开亲人，要到新的环境去生活，有依依不舍、难离之情。

花轿来时，新媳妇盖上盖头。盖头都是由红绸布绣制而成。新娘为什么要蒙上红盖头？传说众多，一种说以前婚姻都由父母做主，有的男女双方未结婚前就没见过面，不知丑与俊，因此新媳妇要蒙红盖头，一旦拜堂成亲，去掉盖头后，再丑也不能退婚。另一种传说是来源自天皇地母的传说。据《独异志》记载，当时宇宙初开，天地一片混沌，世间仅有伏羲和女娲兄妹二人，但为了大地有生气，两人决定成亲繁衍。两人是兄妹身份，由于害羞，两人来到旷野，乞求上帝说："天如允我兄妹结婚，繁衍生息，就让白云将我二人环绕。"一时间，白云环绕二人。女娲知天意已允，但还是有点害羞，便用草叶编了个团扇，将自己的脸挡了起来，古语中的"扇"与"苦"同音，有盖头的意思，后来，民间便效仿下来，开始有了新娘盖头。

民国初期，旧县时兴披纱戴眼镜、穿旗袍、穿皮鞋。女方还要给抬嫁妆的、拿门帘钩子的、压轿的等包红包。男方结婚要盖新房，即使经济条件差的也要把房子打扫得干干净净，焕然一新。男方必须做好新床，好的是顶子床、大牙床、双人床等，女方还陪送嫁妆、嫁衣。嫁妆有条几、桌椅、灯、盆、门帘钩子及二十余条新的棉被等。旧县的风俗，拜堂不过午，花轿12点之前必须到家。拜堂时间都在中午12点之前，而外地如合肥都在下午、黄昏举行婚礼。这是为什么呢？在远古时，民间有抢亲的习俗。势强的人经常将女人抢走成婚，为了防止被人抢婚，所以人们在结婚时都选择黄昏举行，故而男女结合被称为"昏因"，现在的"婚姻"一词便由此而来。另有一种说法：阴阳学说认为，男人为阳，女人为阴，如若男女结合时借助于天时地利，必然大吉大利。黄昏时分是昼夜交替的时刻。阴阳调和相生相长，黄昏结婚正是调和阴阳之气的好时候，黄昏举行婚礼，可达阴阳平衡的目的。后来人们淡化了婚礼的阴阳观念，一部分人和地区不再讲究阴阳学说，所以把婚礼提到上午，更增加了喜庆热闹的气氛。旧县地区就属于此类。

花轿到家门口，先停一会，男家组织四个妇女（好命人）手拿红纸缠着的麻秸把子，燃着，绕着花轿走一圈，名曰"燎轿"。然后再由接新人的人走到轿门前接新娘子。接新人的大都是本地年轻女子，一般六到八人，也是全身穿新。那时兴穿裙子，飘带上系有小铃铛。花轿落地后铺上大红喜毯，这时鸣炮奏乐，接亲人扭摆一阵子，再把新娘子接下轿，扶到天地桌子前，与新郎官站在一起。旧县有一规矩，只有拜天地时，女的站在东边，男的站在西边，也就是说女的在这时是为上的，一生也只有这一回。新郎新娘就位后，由新郎的父亲燃香、点蜡烛、烧纸、磕头拜神和自家的先祖，然后由执礼人喧唱一拜天地、二拜高堂、夫妻对拜，送入洞房。进入洞房后，有专人向新媳妇床上撒上大红枣、红花生、桂圆、糖果、瓜子等，有祝愿"早生贵子""百年和好"之意。开席前（也有开席后）新婚夫妇在长辈的带领下，到自己的家族长辈那里认门，"作揖认亲"，受礼者给新人包上红包（名曰"见面礼"），以示亲情，更显家族团结。

闹洞房 古人云人生四大喜：久旱逢甘雨、他乡遇故知、洞房花烛夜、金榜题名时。结婚时用的房子为什么称"洞房"？这里有个神话传说：尧帝时，今山西临汾西有座姑射山，山上有个很深的洞，住有"鹿仙"。有一次，尧帝到此山下，正与故人闲聊，忽见从远处走来一位美貌少女，尧颇觉此女非同凡俗，后得知此女为姑射山的"鹿仙"。鹿仙为人善良，好帮助人。尧回宫后，经常朝思暮想，于是，尧与众臣商定，到山中寻鹿仙。尧帝行到山中时遇一巨蟒拦路，展开搏斗，众人正处危机中，一梅花鹿来到巨蟒身边用蹄一踏，巨蟒顿时僵如木棍。尧感谢之，梅花鹿深为尧帝的风采所动，现形鹿仙，此时二人倾心，真诚结为夫妻，便在姑射山洞里成亲。当他们走入"仙洞"时，紫光乍现，星光璀璨。入"洞房"由此而来。闹洞房又从何而来呢？相传"斗数之主"紫微星一次在凡间游玩时，见人间一户人家正在娶亲，热闹非凡，紫微星猛然发现在迎亲的队伍后面跟随一个披头散发的女鬼，于是紫微星混进迎亲队伍里，以观动向。当新郎与新娘拜过天地，将要入房时，紫微星发现女鬼已立在门口，准备行凶。紫微星便告知大伙，大伙听后非常忧虑和着急，便请求紫微星破解之法。紫微星说："女鬼属阴，虽阴气重，但她惧怕旺盛的阳气，只要大家齐进洞房，欢声笑语，喜气洋洋，一定会把阴鬼吓跑。"大伙按紫微星的说法行动，确实有效，果真把女鬼吓跑了。从此以后，民间便流传：洞房之时闹一闹，妖魔鬼怪都吓跑。到后来，人们闹洞房不只为了吓妖除怪，还为了形成喜庆、热闹、欢乐、愉快的气氛。

设宴 对贺喜人（包括亲戚）都要设喜宴答谢。请客首先送上大红帖子，上面告知时间地点，以示尊重，也是礼节。那时是备席容易请客难，要请上两三遍客人才能去。喜宴一般设在婚礼当天，有新郎官的舅父、姑父、姨夫及本族人。坐桌时客人或长辈坐上首，自己家的人坐下首接菜和倒茶、起酒等。开席到上鱼时，新郎的父亲等带领着新郎，先堂屋后东西厢房，挨桌敬酒。当天还有一桌特殊宴，就是招待送亲的。女方家送亲的大都是女子的叔、大爷、舅父、姑父等，坐在中堂的正位，也叫上首。新郎敬酒时，送亲的也要包红包，叫见面礼。厨子端鱼上桌，送亲人也要给鱼头礼。敬酒后，有陪酒人开始敬酒或猜拳，搞活气氛，最好把送亲人灌醉。一场喜宴，不喝醉几个人，不算热闹。下午，男方长辈，爷爷、父亲等带领新婚夫妻到祖坟祭祀，烧香磕头，告知祖上先人，自今日起家族又添一成员。一切完毕后，再请媒人会亲家，把媒人和亲家邀请到自己家中，备上一桌丰盛酒席答谢，要大家开怀畅饮，一醉方休，这也意味着这场大事基本结束了。

回娘家　即三天回门。由新郎新娘双双回到娘家，要备四色礼，鸡、鱼、果子和联刀菜（猪肉三四块联在一起，不能割开）。新郎首到岳父家，新娘的亲友、姐妹、嫂子、婶子大娘、街坊邻居等都来看新女婿。女方的长辈带着新女婿拜见爷爷、奶奶、大爷、叔叔等亲戚。受拜者还要给见面礼，包红包。见面礼没有一定的数额，根据亲戚的级别和家庭经济情况而定，多少不限，但一定会给。上午设喜宴，岳父找几个人陪客，陪客人都想让新女婿喝醉。饭后一般夫妻俩同一路返回，也有个别对婚事不满意的新娘当天不返回，甚者夫家接几次才回去。

报喜、送中（粥）米、走满月　结婚年余，女方怀孕生孩子，如果是男孩就在三天以内报喜，女孩也不超过七天报喜。

报喜，由男方煮上红鸡蛋，按男女双方，尤以女家意见为主，给亲朋送红鸡蛋，接红鸡蛋的家里就准备贺喜，女方家叫送中米（本地音，实际叫送粥米）。至于送中米的来历，很难讲清，不过这种民俗最早出现在《金瓶梅》词话中，有一句话："咱也少不得送些粥米儿与她。"《红楼梦》中厨房管事柳家也有句话："前日去给亲戚家送粥米。"《金瓶梅》所叙的事，应在宋朝，可见送粥米当时就流行了。送粥米对于女子的娘家人来说，是极其重要的，一是要备够自家女儿坐月子的好吃食。女人生孩子，必须至少休息一个月，在这一个月内，不干重活，不吃生冷的食物，不生气，不吃坏的食物。二还要给新生婴儿买生活用品和玩具。送中米必备的有红糖（红糖有杂货店包好的一斤盒，上面还贴上红纸签，标明是送中米用的）、鸡蛋、挂面（也是用红纸裹着，一斤装的）、小油条（比街市上的油条细，但长，用黄花菜杆串着，一串一般十根），也有的加点爆米花。给新生婴儿打副银手镯、银脚镯和银项链，新袄、新棉裤、猫头帽子、虎头鞋等。顶门亲戚备上盒子，一般挎筐。以前坐着太平车，有的大户人家能去几车人，吹吹打打，热闹非凡，男家备席款待送中米的喝喜酒（结婚、生孩子去送礼、包红包都叫喝喜酒）。

女子生了男孩在孩子满月时、生了女孩在孩子满月前两天，由女方娘家备车接送，叫回娘家过满月。女人生孩不满月，不许到别人家串门子和办事，这是规矩。产妇到娘家，都由娘家做好吃的，休息几天，抱着新生儿到亲戚家，收点见面礼，也有的由叔、大爷、姨妈等接去吃顿饭等，娘家也要备上几桌酒席宴请送礼人吃饭，有的过上几天，丈夫和家人去把产妇接回来。

第二节　丧葬礼俗

在以前人活七十古来稀的年代，到六十岁以后的死者都称得

"老丧"或"喜丧",都算"寿终正寝",当时也称为"白喜事"。下文讲述一下旧县19世纪上半叶的丧葬民俗。

送终 老年人临终前,所有的子女(远离家门的也要赶回家,个别特别的除外)都要到老人身边,听候遗言,这叫送终。如若老人在断气前,子、女、孙子等亲人没在场,视为无人送终、没后,大不吉祥。老人接近死亡时,儿女和家人,都要给老人更换寿衣,并从内屋移到"堂屋"的"灵箔子"上(用秫秸编的),这叫正寝。做寿衣有规矩:1. 不论冬夏一律棉衣,衣料系棉布,不许用绸缎(穷与富都一样),因绸缎谐音为"愁子""断子",还不能上纽扣,用布条,也是因"扣子"不吉利。2. 死者不能穿皮袄、皮鞋、皮帽等,民间传说如果穿上皮服,下辈子就要转生为猪狗类畜牲。做寿衣有两种情况:一是断气后急做;二是提前做好准备着,做寿衣时还要选黄道吉日。给死者换上寿衣后,从"灵箔子"移进棺木内叫"入殓"(小殓)。死者身下铺垫黄表纸,再放三个铜钱,死者手中放入面饼,曰打狗饼子,使死者进入阴曹地府时防狗咬。死者的双脚还要用麻坯子系在一起,双脚须蹬在棺木后板,叫脚踏实地。

报丧 报丧分两个环节,一是死者断气,立即安排人(大都是死者的亲人)到阴阳先生那里,告知死者的性别、年龄、属相,断气时的年、月、日、时及死者断气时手捏指纹的位置等。按男左女右,以子丑寅卯捏中指,辰巳午未手掌福,申酉戌亥握顶拳,由阴阳先生推算出棺的吉时和"出殃"的日、时等,写在一张白纸上,回来后贴在棺木的正前方,叫"打殃桩"。点上"长命灯"(也有用白蜡烛的),放上一碗面条(曰长寿面)、筷子和其他祭物。另外由死者的儿子等至亲，到自家族亲（堂爷、大爷、叔叔等）和姑、舅家报丧。随后再向死者的友朋近邻报丧，报丧时，孝子和报丧人行磕头礼（非子女的报丧人行单跪礼）。

我国古人早就发现，具有截然相反的两种属性存在和统一于一切事物内部。如宇宙就是由天和地构成的，天轻清向上，是无形的；地是重浊向下，是有形的。白天太阳升起，给人带来光明和温暖；黑夜太阳下山，月亮升起，给人以阴暗和寒冷，一日正是由太阳和月亮所代表的两种截然不同的属性所构成的。一年四季的变化出现了寒暑的交替，也正是由于寒暑的交替给万物带来了生机和活力，引起了万物生长的变化。人有男女的不同，男者为阳，女者为阴，人活着为阳，死者为阴，活着的人的住宅为阳宅，死者墓地为阴宅。在那个人们注重阴阳五行的年代，阳宅和阴宅的风水同等重要，阴阳先生就是专为选"阴宅"、定吉凶祸福、求愿子孙兴旺的风水先生。人死后，首先请阴阳先生用罗盘辨方正位，然后方定吉宅，分清吉凶，定出墓地。如在老墓地，埋葬死者时，都是男左女右，携子抱孙。夫妻合葬同样男左女右，绝不可错位。那时旧县的阴阳先生以赵金学最有名气，赵家阴阳已经达六世相传。

守灵　死者入殓后，儿、媳、孙等，尤其是"孝子"（儿子）必须守在棺木前边。儿子多的昼夜轮流。凡是来吊唁的人员，不论礼轻礼重、男女老少，孝子都要行磕头礼，那真是孝子"磕头如捣蒜"。

换孝服　死者在病危或断气时，就由亲邻妇女赶制孝服。穿孝服是有规矩的，不能出差错，否则就要闹出纠纷，穿孝服最注重的是"礼"和死者的关系。换上孝服，外人一看就知道与死者的关系是子、女、侄子、侄女、女婿、表侄、朋友等。穿孝服也能显示出是否有继承权。死者的儿女（儿媳）要穿重孝，叫"披麻戴孝"，头顶戴长白布或麻疙瘩帽，身穿白长衣，脚穿白鞋，如父母中还有一人健在，鞋后跟处留二指空隙。如父母双亡，满鞋全白。腰上还要扎一麻绳。只有养老送终，披麻戴孝，包括摔"老盆"的人，才有继承权。孙子、孙女及旁系晚辈，带羊角白帽，两角扎上红绒线。其他亲朋，戴孝帽或扎腰带。孝子女穿孝三年，带孝帽子进灵棚的都是"近门"的人。

吊唁　孔子曰："葬之以礼，祭之以礼。"吊唁是非常隆重的仪式。与死者的亲近关系不同，在吊唁的形式上也各有不同。如出嫁的女儿没赶上送终，在有可能的情况下，也要紧急回家，力争赶回娘家痛哭，并参加守灵和送殡。死者为大，亲朋好友无论年龄大小到灵前都要行磕头礼，或行鞠躬礼。参加吊唁的根据身份不同，送祭品也不同。出嫁的女儿，经济条件好的，请鼓乐班子，抬礼桌，礼桌上放有鸡、鱼、肉、蜡烛、火纸、炮等，还有给亡者扎的童男、童女、纸马、纸屋等，并送挽联、挽帐等祭品。其他人员烧纸、送挽联等，以表哀思。来吊孝的亲朋都要吃饭，不兴空腹而回。死者家属在门前设账桌，记录吊唁人送的礼金、物品，以便回礼。

送"殃水"　出棺的前一天，晚上八九点钟的时候，当地人称人脚静时，由死者的儿子、儿媳等亲人，抬半桶水，后面全家人依据辈分，排成长队痛哭，高喊着送亲人（亡者）离家，上路去西天。见到十字路口把水泼掉，烧纸，放炮，然后返回。

请阴阳　出棺前去请阴阳先生，由阴阳先生制好"引魂幡"（用白纸剪的长条符，系在柳树枝子上。用白纸贴在柳木棒子上的为哀丧棒，是给次子、侄子等拿的）。根据阴阳先生的指点，买一领魂鸡、搭棺席、白布、白碗、制的弓箭和斧子。

大入殓（盖棺）　盖棺前，所有死者亲人都到棺木前，按顺序排列，先给死者净面（用水、棉球，在死者脸上擦上几圈），再把陪葬品放在棺材里，然后按顺序最后一次瞻仰面容，在这时要忍住悲痛，不能哭，更不许把眼泪落在死者身上，否则对死者不利。瞻仰遗容后盖棺，由与死者平辈的人钉敛棺钉，用锤钉钉时还要口喊"躲钉"，以免钉子伤及死者灵魂。

出棺　棺木钉好，先由阴阳先生在门外一角，用锤（斧子）把包在白布里的碗打碎，这叫作"占碗"。然后众人把棺木从屋里移到大门外，由抬棺人把棺木捆扎好，富人家棺木前八后四，十二人抬棺，并且还有几班人轮换着，穷苦人家的棺木差的四人就抬走了。捆好棺后，起棺也叫出棺，孝子扛着引魂幡，摔起"老盆"，"老盆"摔得越碎越好。起棺时也有妇女抱着小孩，横穿而过，叫"闯棺"，大都是小孩不健壮，或娇生惯养的小孩，据说经过闯棺后，小孩就没"灾事"（没病）了。出棺乐班在前，孝子由两人（至亲）扶着，后面按辈分顺序排列，男前女后，排成长队，放声痛哭。其中女婿端斗（斗里装有小旗、弓箭、火纸及五谷杂粮等，叫财斗）和拿领魂鸡在前面，见路口、桥梁、寺庙、城门等都烧纸、放炮、撒纸钱，打发路边的孤魂野鬼。值得一提的是，旧县地区如果是年轻男子死了妻子，在出棺时，丈夫不但不能去，还要用绳栓在屋里，或脚上系上捞石，名曰别让老婆勾走。棺木进地，抬棺人齐喊"欧"声，不喊，抬棺人来生要托生成哑巴。

旧县大都是"歇棺打墓"。也有个别提前挖好墓坑。挖土前，先由阴阳先生用罗盘（镜）看好风水，定好方向，画出轮廓，口中念念有词："入棺破土，天言地邦，富贵久长，万事证章。"阴阳先生先挖头锹土，然后再由打墓人挖，墓坑挖好后下棺，校准方向由阴阳先生用准备好的布瓦和弓箭，放在棺盖上，但箭头（为阴箭）一定不能对准别人房屋和坟墓。再放上搭棺席。阴阳先生用手拿着领魂鸡走上一圈，嘴里念道："手拿银鸡担险照，八方风水最为高，我君破升黄金土，后代子孙挂红袍。"然后由孝子先封头锹土，其后由打墓人封土。同时，还要到邻近的坟上烧纸，希望死者与他们和睦相处。新坟周边还要插上小旗，名曰"扎寨"。由死者家人给阴阳先生包上礼金和领魂鸡，孝子磕头致谢。当天不兴把坟封圆，待到三天后才能封好。下葬完毕，孝子磕头谢客。当天下午，由家人带着祭品及碗、盆给亡人"安家"，烧纸放炮。到三天后，家人及出嫁的女儿等至亲，到坟地烧纸圆坟。

大出殡 按阴阳先生指定的日期，亡人出殡。出殡时家中院里放一椅子，上面放洗脸盆、手巾。椅子上绑一竹竿，竹竿上系一麻坯子，亡人灵魂可顺着麻坯升空。出殡大约需要两个时辰，在这个时间，家人和邻居都要回避。死后一七（第一个七天，旧县规矩不烧顶期纸，都是六天）、三七、五七、七七家人和至亲都要到坟地祭拜。一周年、三周年、十周年也要搞仪式、祭拜。

过周年一般都比较隆重。

祭祖 我国是礼仪之邦，崇敬祖先为伦理道德的一个重要方面，而且人们深信祖灵拥有保护（庇佑）子孙和惩罚子孙的权利，因此祭祖除了含有慎终追远的意义外，也更希望祖先共享子孙香火，护佑子孙兴旺。旧县祭祖除逢年和忌日外有两大仪式：一是家祭点主。二是立碑（修坟）祭祖。

家祭点主。先辈死后，由他的子孙及后辈给死者立上神位，以便敬奉，俗称立神主牌位，入祠或敬放在自家堂屋的条几上按顺序排放。家祭点主是比较隆重肃穆的仪式。首先搭上祭棚，张贴或挂敬挽或敬篇等，摆上贡桌，请上乐班奏哀乐，并且还要有和尚、道士、尼姑做法事诵经。更重要的一项是宣读祭文，祭文是由文化水平较高，并深懂"孝经"的学者书写。在中国汉代时，人们祭扫陵墓时诵读"哀策"，是为早期祭文。至唐宋，祭文开始盛行，种类繁多，也出现了很多写此类祭文的大家。如韩愈的《祭十二郎文》及欧阳修的《祭石曼卿文》都是脍炙人口的祭文名篇。祭文的对象、性别不同，写作的内容也不同。那时由于经济原因，死者儿女做不到，多由他的后辈发家之后进行"家祭点主"。祭文格式举例如下：

开头用"维"或"时维"，为发语词，无实际意义。

祭文的内容主要写死者生平事迹，深以怀念，并抒发哀痛之情，内容要充实、精炼，有深情厚意感。

用"尚飨"一词作结尾。表示希望死者来享用祭品。

如祭父文：

维：公元✕年✕月✕日，乃吾父安居之前夕，不孝男、不孝女✕✕等，率全家大小，谨以清酌时馐祭奠于共和上寿恩荣先考✕公✕✕老大人灵前。哭曰，呜呼，痛维吾父，年寿✕旬，偶染疾病，不幸身亡。号天泣血泪洒沾尘，痛哀吾父，毕生坚信，出生微寒，世代清贫，日夜操劳，勤苦耕耘，艰苦创业，简朴忠信，处世有道，克己恭人，和睦邻里，敬重乡亲，关爱他人，胜于至亲，养育吾辈，爱护如珍，抚养育教，苦口婆心，教吾书耕，严格认真，教吾处世，忠厚待人。如斯人志，宜寿长生，侍奉敬养，颐养天伦，苍天弃我，夺吾父功，魂归冥府，哭喊无应，瞻望不及，音容莫亲，天昏地暗，黯然伤神，养育之恩，吾向何陈，兹当祭奠，聊表孝心，化痛为忠，化悲为诚，化哀为俭，化伤为勤，继承遗志，光宗耀祖，先父有灵，佑我儿孙，百业兴旺，万事亨通，财福齐运，家望永振，先父有灵，来尝来品，呜呼哀哉，尚飨。

祭母文：

维：公元✕年✕月✕日，乃吾母安厝之前夕，不孝男、不孝女✕✕等，率全家大小虔备素酒牺牲之奠，致祭于先慈之灵前吊之以文曰：天地沈沈，风凄雨冷，生死永诀，黯然伤神，不幸吾母，驾鹤瑶城，魂迷屹岭，泪哭无应，念吾母之教子也，极尽慈惠庄和，忆恩吾母，贤淑一生，善良处世，克俭克勤，奉侍翁姑，恭敬孝顺，全家共处，相爱相亲，适生我辈，苦育成人，筹谋媒聚，万苦千辛，职尽内助，居贱食贫，劳劳碌碌，以度长春，具斯淑德，宜寿百旬，菽水承欢，略报深思，今来祭奠，薄酒微忱，黄裱数来，灵堂一栋，宝马一匹，箱架两笔，锦衣数区，五食千盅，愿母品尝，九泉之灵，护我子孙，千秋万代，人旺业盛，天乎，天乎，不佑吾母，母为子也，做尽牛马，而子又何堪！追吾母赖以存世者，器之子也，而子不贤也，过矣！过矣！吾辈当终身引以为励，而勿负吾母，日夜之恩，亦难报吾母之大恩也，呜呼，伏维尚飨。

祭文应根据亡者的身份和辈分不同而内容也不同，要把内容与思念写得充实亲切，动之以情，读后，使听者——尤其是孝子贤孙——痛哭不止。祭文读后全体在位人员肃静，奏哀乐，和尚、道士、尼姑做法事，由（孝子）族长，在神牌的××太公之主位的主字上点显朱红点，称点主。有族氏祠堂的就由族长及长辈送入祠堂的祭祠堂，按本宗族的辈位列放在"神位"上。没宗祠的，就请到自家的正堂屋的条几上供奉。

家祭点主的程序：预先搭好祭棚，摆贡桌，上放用红绸子搭盖的神灵牌，上贡品，贡品有饭菜（荤素）、清茶、果品、酒、盅、筷等；有专职礼仪人员或家长恭请列祖列宗付位，敬酒、让食（奏哀调）、诵读祭文、揭牌、点主。和尚道人诵经、烧纸、烧祭物、纸马等，放炮结束。

修坟祭祖（立碑）。死者的子孙等晚辈，为死者立碑、祭祖。大都是亡者的下辈人升官发财才修坟祭祖，仪式也是特别隆重，根据自己的家庭情况，请上乐班，和尚、道士念经，有一专门司仪，在坟墓地指导仪式的程序，到坟前摆上祭品，烧上纸马等，添土圆坟完毕，揭碑。碑文：显考、萱寿××之墓。修坟立碑祭祖和家祭点主都是隆重的，亲朋好友等大都参加，也大设席宴。这是光宗耀祖的事，是对家族的官势和财力的显示，以前穷人是办不起的。

丧葬期间的规矩　死者儿女必须穿孝三年；孝子百天不剃头；三年内不贴红对联；三年内不办喜事。

棺木分级　一级为六、七、八（即棺木的天八寸、傍七寸、底六寸）；二级为五、六、七；三级为四、五、六（即底四寸、傍五寸、天〔盖〕六寸）；四级为三、四、五，大都用桑、柏、楸树；五级为二、三、四，以桐树板为主；六级为一、二、三，用柳木等杂树；最差的称匣子，也称白茬子棺材，用杂木板制作而成。三级以上大都用桐油漆，黑色居多，红色较少。穷、富人家使用棺木差别较大。

第三节　集风

旧县古镇帮扶贫困、施舍救人、公益捐款、惩恶扬善的集风代代继承，办善事人人欣慰，除邪恶正气浩然。20 世纪 40 年代，那时的国民政府正是腐败透顶时期，人民大众的饥苦没人问，没人管。这时传承互济之风起到了重要作用。

镇上的鳏寡孤独生活困难时，会有几个好善之人，挨门挨户对钱，供他们生活。这些人死了，大家也出钱、出人把后事办了。

因天灾人祸，如失火，墙倒屋塌（那时贫穷，都是些土坯危房，遇大风或暴雨，有些就会倒塌）等，会使一个较好的家庭立时落入极困之中，这时镇上会出来几个人对钱，解决燃眉之急。

一些艺人如说书的、唱戏的、算命的等，遇着连阴天或大雪封门，没法营业，揭不开锅是常有的事，也有个别跑江湖做些小生意的人，突患重病，没钱医治，这时也会出来几个人对钱解决困难。

抗强助弱，主持正义和公道。以前旧县集镇上有个别人蛮不讲理，对乡下人和集上没钱没势的软弱人，借着一点小事进行欺负。轻者恶言相骂，重者拳打脚踢。这时街面上就会出来人相劝，如相劝不行，就会聚成多人指责，有的要拉着恶人到大街口摆理，直到逞强之人服软为止。这就是旧县人以前常说的一句话："三里地的长街（指原旧县顺河街，东从小东关，西到翟湾），总有说理的地方。"

有个别家庭出现不孝敬父母或老人（指爷爷、奶奶等）的晚辈，街坊邻居就会出面，配合族人，劝说和指责使其改邪归正，孝敬老人。那穷凶恶极的虐待儿媳（尤其是童养媳）之人，使人最为痛恨。那时的婚姻多要求门当户对，但也有个别富户名声不好，娶不着相称的女子，只能娶个因父母贪图钱财的穷人家闺女为妻（也有受骗的），过门后，因娘家穷，被小姑子（人称小姑子恶）或婆婆折磨，经常打骂，不给吃饱。个别儿媳被折磨得投井或上吊而死。遇着这种情况，街上出来人劝说指责，如果致死者，这些人就配合女方娘家人，严惩恶人，不但叫其重葬，还要行恶者披麻戴孝摔老盆、包赔钱财以示惩罚。

修桥补路。当桥毁路烂冲成沟时，大家对钱进行修补，有的不出钱就出工，也有个别人独家修桥补路，做善事。

祭神，求雨。逢着天久旱不雨，地里庄稼枯死，这时就会出来人对钱，招关老爷或找寡妇扫坑等求雨。大家也对钱，在七月十五祭鬼神，放散河灯。

每年春节，元宵节出灯、舞狮、跑马、小车子、旱船、肘阁、放烟花等，以及旧县逢庙会请大戏等，都是大家对钱。当然大都是街上的一些碗店、盐行、粮行、牲畜行、大杂货店、百货店、布庄、饭店酒楼等出的钱多，小商小贩和在家户都随意出点钱。不过这种公益之事和救助之举，大家都乐意去做，成了一种很好的风气。

这里需要说明的是，出来对钱和说话的人是有讲究的，不是任何人都能办到的。首先这些人在当地德才兼备，德高望重。第二，有一定的经济实力和家族势力，当然包括一些小官吏（个别比较好的保长）。旧县人常说："光棍小了别说话，气力小了别拉架。"不具以上条件，说话不灵，拉架不停。当时的代表人物有：朱朵魁、陈效伦、马朝瑞、马金榜、吴老四、侯丙和、魏老献、余珍藏、韩学道、韩学启、王体国、李正坤、李待聘、刘从立、三老冠、翟立朝、赵万善、马启瑞、刘洪俊、姚佩章、李天佑、李天顺、马老保、马腾承、徐佩贺、闪毅臣、袁佩玉、许廷礼、李天铭、马廷愧、姚松香等人。他们在不同的地段和区域行善，有时遇着镇子上重大事情，这些人会集结在一起商讨办法，统一办理。如春节、十五出灯，庙会请大戏，修建城墙防贼防匪等问题，都是统一的。而且他们都是义务的，不但没有丝毫的报酬，并且在捐钱捐物上还要带头多捐些财物，这也是他们的行善之德。

第四章

家规族规

第一节　家训、家教、家法

中华民族的传统文化源远流长，"家训"就是传统文化的重要组成部分。它是古人留与后人的一笔宝贵遗产，是千古流传的精神财富，是指导中华儿女立身处世的风向标，潜移默化地影响着一代又一代的中国人。

家训是自古以来古人进行家庭教育的一个重要组成部分，其内容非常广泛，由于各个家庭地位、时代、文化程度、贫富等不同，其内容也有所不同。以前的家训大部分来自帝王将相、达官显贵，名门望族和文人雅士。它的内容，大致是指导子孙后代立身处世，持家教子，读书劝学，为政治国，崇俭戒奢，求贤用人和家庭伦理等多方面的。这些内容蕴含着中国传统文化。如修身齐家治国平天下，中庸之道，礼义廉耻、智信忠孝等美德与思想。追溯家训的历史渊源，原始社会的长老训教是家训得以产生和发展的根源，较早的有文字记载的有《姬旦家训》人们最为熟悉的有《颜氏家训》《朱子家训》和《曾国藩家书》等，内容虽各有不同，但大部分是以修身教子、持家交友、用人、处世、理财、治军、为政等为内容。

如旧县崔氏家族的家训：

> 爱国守法，从政必廉；兄弟和睦，亲贫不嫌。
>
> 五伦孝首，父母必然；祖宗虽远，祭奠往返。
>
> 经营商贾，诚信必然；聚财万千，清贫更贤。
>
> 远恶近善，必有佛龛；夫妇相敬，家道自然。
>
> 嫁女择婿，勿慕贵权；娶妻求淑，艳生祸端。
>
> 处事立身，义礼必先；精勤荒戏，谨记耳边。
>
> 教育儿女，赌毒勿沾；诗书传家，光耀祖先。

此家训是对旧县崔氏家族的后辈而言，他们希望崔氏子孙以此为训，做后人垂行的指向标，按此行事。而在 20 世纪初，由于人们的处境、地位、家庭条件的不同，他们除遵守氏族中的家训外，本家庭也有家训（教）。如最底层的贫困家庭，父母经常对自己的子女说："要遵纪守法。"他们教自己的子女，犯法的不做，犯病的不吃，要安分守己。

有的祖父母和父母对自己的孩子们说，吃亏常在，破帽常戴；平安是福；不惹事，不生非，安安生生过一辈子就是福。有的家庭，父母教育子女，好好上学，为祖争光。也有的父母教育子女认真学个手艺，能养家糊口，娶个老婆，传个后代，心满意足。还有的父母教育小孩，在世要三不让："田地边子不让人，老婆孩子不让人，有理不让人。"

大部分家庭，父母教育小孩，都会首先叫他懂得一些社会习俗。

由于多种氏（家）族的客观存在及血缘关系，在日常生活中，以此为中心，形成很多规矩和民俗，范围大，流传广，规矩严。

起名的规矩。名字虽说是人的代名词，但它不仅是人与人的区分，也是一个氏族辈分发展有序性的证明。如果起名时不能体现辈分，乱了氏族发展史，那么族史、家史就难写。那就是说起名首先要按族谱的辈分顺序而起名。人一生原有三个名，一生下来起的名叫小名，也叫乳名，在起这个名字时要注意绝不许重自己族人（长辈）、亲戚（七大姑八大姨、姥家人）家的名。上学起的名叫大名，也叫学名，除了同上不能重名外，还得按照族谱辈分起名。成人处世后，起名叫"字"。起名要讲究吉祥，如成功、祥云、福、明等；也可按动物，如龙、虎、豹、狗等。但起名时绝不能有：死、葬、丧、毁、无等不详之字。起名时头个字是姓，第二个字是辈，三字名，（也有把辈分放在第三位）。

还有一点，平民百姓给自己小孩起名，千万不能重帝王的名字，这一世俗早在唐宋时期就已形成。唐代时要求与七世以内的已死君主的名不能重名，到了宋朝又规定，七世以上的君主名也不能重，实际上就是规定皇帝的名字都不能重。

叫姓名为"称呼"，有"称呼"就有避讳，所以以前的人们在这方面特别认真和研究，稍有违反，人们就会说你没"家教"。如以前人避免直呼他人名字，特别避讳的是直呼长辈和老人的名字，长大以后，也不许叫小名（乳名）。这种世俗大约起源于周朝，《左传·正义》云："自殷以往，未有讳法。讳始于周……"秦汉以后，避讳日趋严格，《过秦论》中已有"秦俗多忌讳之禁"的记载，而且司马迁也避讳他父亲的名讳：因其父名"谈"，所以在《史记》中把"张孟谈"改为"张孟同"，把"赵谈"改为"赵同"，把"李谈"改为"李同"。魏晋南北朝时，避讳之风盛行，人与人交往，首先必须了解对方的家讳，否则在交往谈话中，一旦涉及，就被视为严重失礼。南朝宋时，有一避讳成为笑话，钱良臣的儿子为避讳父亲，凡遇"良臣"二字，一律改为"爹爹"，一次竟将《孟子》中的："今之所谓良臣，古之所谓民贼也"读作"今之谓爹爹，古之所谓民贼也"，结果被他父亲痛打一顿。唐宋时期，称谓（呼）避讳极为流行。到了明清时因触犯讳禁而被杀头的事情经常发生，达到了登峰造极的地步。

　　以前还有些称呼的避讳，如妻子不叫丈夫的名字，叫当家的、外头人、老公、那口子，丈夫叫妻子为家里人、内人、老婆，有孩子的叫小孩妈（娘）。

　　人死后，更不能称其名。《礼记·檀弓》说"卒哭而讳"，意思是说：人死后，亲人要哭丧，以示惜别。哭丧之后，死者已成鬼，就不要称呼他（她）的名字。

　　人还忌讳给自己或别人起"绰号"，俗话说得好，"地怕走斜道，人怕起绰号"。起绰号就是对人不尊重。以上这些，父母都要教导自己的小孩，要懂这些规矩，否则会被人家笑话没家教。

以前父母、祖父母等长辈还教自己的小孩要"会说话"，所谓"会说话"就是说出的话使对方听到高兴舒服。在与对方说话时，一定要看对象，对着大人要多夸人家小孩聪明、懂事等；有残疾也不能嘲笑；见了老人要尊敬，说话时要避讳"死"。多报喜事，少提丧事。千万不要和老年人争论年龄，七十三或八十四岁是老年人忌讳的年龄。读书家庭，即书香之家，教育子女要尊敬孔子，尊敬老师，不能用带字的纸当"手纸"。教育青年人，不要到寡妇家，因为寡妇门前是非多。在那个时代这些都是一般规矩和民俗。

还有与和本家有血缘关系的直接亲戚相关的一些世俗，如除了本氏族的长辈外，要尊崇和敬孝岳父、岳母。也有一说法：老丈人家里没有打女婿的棍。即不论女婿犯什么错误，老丈人都不许打女婿，如果女婿折磨自己的女儿，可由自己儿子也就是女儿的兄长和弟弟去理论，不到万不得已的时候，是不能动手的。做女婿的还有一个义务，那就是岳父或岳母去世下葬时，做女婿必须端送葬斗（斗是用柳条编的五升斗，里面放上火纸，供棺材走路口时烧。另外斗里还放有五谷杂粮、弓箭与布瓦，供阴阳先生在坟地下葬用，回来放坟地上），任何人都不能代替。即使没有亲生女婿，也要由侄女婿端这个斗。

母亲的父亲称姥爷，母亲的母亲称姥娘，也叫外祖父、外祖母。母亲的兄弟称舅父。父亲的姐妹称姑母，姑母的丈夫称姑父。母亲的姐妹称姨娘，姨娘的丈夫称姨父。父亲的兄弟称叔、伯（大爷）。这些亲戚虽然都系血缘关系，但在享受"待遇"上就大不相同，如叔、伯和舅父都有管教你的权利，而姑父、姨父就不同，姑父、姨父对内侄、外甥只有劝说权，没有打骂权。

人称严父慈母，父亲是家教的第一责任人，在那"君君臣臣父父子子"的社会，皇帝面对臣子要有威严，父亲面对儿子要有威严。君不君、臣不臣、父不父、子不子，就会乱了朝纲、乱了家庭。往往父亲管教儿子，尤其是打与罚的时候，母亲就会心疼。通情达理的就上前劝丈夫消消火，回头再责怪儿子，并对儿子说："父亲教训你是为你好，如果不管不问，你将来能成才吗？"这样夫妻配合，教育效果就特好。当丈夫教训儿子时，如果母亲不但不配合，反而责怪丈夫心太狠了，对小小的孩子管得太严或为管小孩经常夫妻吵闹，就教育不出好小孩。这样不但有损父亲的威严，还会导致儿子对父亲的仇恨心理，会造成父子不睦。人常说"言教不如身教"，也就是在平常的生活中，教育自己的子女做什么，该怎么做，做父母的首先要做到。比如，教育子女"家和万事兴"，而两口子经常为小事吵闹不休；不叫小孩赌博，而作为父亲却终日不离赌场；教小孩要孝敬父母，而自己偏偏把自己的父母赶出来，年把半年不去看望一次，这样的家教让你千叮咛万嘱咐也是枉费心机，因为上梁不正下梁歪。还有一点，也是经常出现的，就是作为父母对待自己的子女不能公平公正，偏一个向一个，或重男轻女，这样会使孩子产生矛盾，幼小的心灵产生逆反心理。更为重要的是，家教不能生搬硬套，教育子女，还拿以前的家训作教材，硬强加于孩子是行不通的，如"男女授受不亲""老公公不能与儿媳讲话""大辈子哥不能和兄弟媳妇讲话"等。我们应该正确理解以前的家训，绝不能生搬硬套，要取其精华，去其糟粕，根据现实改进。也就是说，在家教的问题上，要与时俱进，更要改革开放。尤其是老年人，一定要多身教，少言教，切记不要倚老卖老，终日唠叨，说不完以前自己的好，乱讲小孩这也不好那也不好。奉劝老人，人越上年纪，越要明智，少管闲事，相信自己的子女，要多一分亲情，少一分指责，使自己的晚辈感觉可亲，千万不能使他们觉得你老来烦、人人嫌。要自找乐趣，搞好自己的身体，这才是老年人明智的家教，才能树立起一个好的家风。

人们一般认为家法就是家庭的法律。国有国法，军有军法，族有族规，家庭也不例外。以前大都是大家庭，三四辈同堂极多，五辈同堂也不在少数，因此一个家庭十多口人就算少的，如红楼梦中的贾府，多达上百人。至于家法何时产生，因作者学术肤浅，没有查找到正式史料，只知在京剧《三打陶花春》中陶花春请"家法"处罚自己的丈夫邓子明，这就说明在这部剧产生的年代就有了家法。实际上作者认为家法是随着家庭的产生而诞生的，家法的产生源远流长，也可追溯到上古时代。家法担负着对整个家庭成员中违反族规、家训、家教、家风等不良行为执行惩罚的责任，如家中一人违反了家规，就要挨打，严重者，捆绑关押，个别还有处死的。

在新中国成立以前的社会中，家法是得到官府认可和支持的。因此，那时人们普遍认为，官打民不差，父打子不差。在自己家中受到惩罚，是合情合理、天经地义的事，无理可辩。

在那一日为师终生为父的时代，老师打徒弟也是合情合法的。我从小就见一个学剃头的小孩，因为在为别人剃头时划了一个口子，头上出点血，就被师父用扫帚打了一顿，并且罚跪一下午。更惨的是学唱戏的，以前行话叫"打戏"。在旧县西沙河，有一名叫王体贵、外号王老崩（眼皮有点崩拉）的人，他开设一个露天戏院，经常有戏班在他那里演出。女的学旦角步，要两腿夹棒槌，在地上走或跑，如棒槌掉了，师父就用"白拉杆子"（戏中的道具，是不带枪头的杆子）使劲地向腿上打，打得再狠也不许哭叫。学戏的女子，身上都青紫成片。男孩学翻跟头，也是一样，有一点不到位，罚站是轻的，膝盖跪肿也是小事。更惨的是，学戏的只能吃半饱，睡麦秸窝（也叫滚大铺），众多男女睡在一起。更使人难以想象的是，麦秸上洒水，让人长疥疮。这样身上一痒痒，就得起来，到河崖头上吊嗓子。就这样惨痛的惩罚都能得到社会的认可，人们只有同情，没有人来反对。那时的七十二行，不论哪一行，师父打徒弟都是允许的，也可以说是合法的。

在那棍棒底下出孝子的年代，小孩挨打是家常便饭，有些父母望子成龙，管教自己的儿子刻苦严厉，打人时都往死里打，用家法致伤残的不在少数。家法在实施过程中，像族权一样变质、变样，形成虐待家庭成员的合法手段，如恶婆婆虐待媳妇。以前人们常说，多年媳妇煮成婆，只要当上婆婆，地位大升，打媳妇就不受什么约束。除非婆婆折磨得媳妇投井、上吊等。即便如此，那也得看媳妇娘家官势、财势、人势，如果在这三个方面超越过婆家，那就叫婆婆给儿媳披麻戴孝摔老盆。这就说明，那时的官府是支持行使家法的，并且家法在人们的思想中根深蒂固。

中华人民共和国成立以后，对家法有所冲击，尤其是师父打徒弟基本制止。2013 年，国家制定《反家庭暴力法》，打伤家庭成员，造成轻伤，要受到惩罚。虐待家庭成员，司法部门也要介入，这就说明家法不像以前那么肆无忌惮了。

对于家法，作者以为，它与法制是有部分抵触的，应当进一步改革。切记，家法应在国法的允许下行使，绝不能超越国法。

第二节　族（家）谱、族规、族权

旧县李氏辈分为"思光宗祖、秉心正良、善承克迪、万世永昌"的是一派。明初，迁民李氏族人代钦五子"达、智、海、河、穆"来到太和李郢村，后又分派居住在旧县等地。这也就是说，此李氏家谱只能追溯到明洪武年间。原始的族谱已没法找寻，其他氏族也是如此，所以七王八张九李家之说，是有道理的。

族谱、家谱不但记载着本氏族的发展和繁衍，而且还记载着族（家）规和家训，如辈分为"思光宗祖、秉心正良、善承克迪、万世永昌"的李氏族规是：一戒同族通婚，二戒无视国法，三戒虐待父母，四戒兄弟相残，五戒嗦宠子女，六戒争强斗狠，七戒酗酒滋事，八戒聚众赌博，九戒恃强凌弱，十戒游荡谣邪。

以上内容说明，各氏族、家族都有自己本族之规矩。本族制定的族规，在以前是有约束力的，这种约束力来自族权。族权大部分是由本族辈分最长和名望最高的人物行使，也有被本氏族的官吏和财主操纵的。族权行使大都在本族家庙和祠堂。家庙和祠堂不但是本氏族祭祀祖宗先人的场所，同时也是议族事、监族规、惩罚违反族规和家训之人的地方。本族人员不论是谁，只要违反族规、族训，都要在家庙和祠堂内受训，根据所犯条款，处罚轻重不同，最轻的罚款、修庙和劳役，严重点送官府关押（明清时代官府支持族权），最重处罚是处死并且死后不能入族谱，不能埋葬祖坟。那就是人们常说的死无葬身之地。

以前旧县西街有一姓史的儿子，违反族规家训而屡教不改，后父亲被逼把儿子扔进沙河处死。那时违反族规处死的，官府一般不追究，即使追究，也是轻描淡写，敷衍了事。

旧县清末只有朱氏（家）祠堂和李氏家庙"三官庙"，其他姓氏，即使没有家庙和祠堂，族规和家训也是相当明确，在族权方面也是相当严格的。如旧县集周围的刘寨、杨寨等，也都如此。族权在封建时期在某些方面为统治阶级服务，如要"奉公守法"等，故此能得到官府的支持。后来，由于社会风俗的败坏，有些族权变为压迫勤劳穷苦人的工具，所以到了辛亥革命和民国政府时期，尤其是随着中国共产党的诞生和中华人民共和国的成立，皇权、神权、族权都已消失。

族权消失，但族规中某些对社会发展有利的条款，仍然留在人们的心目中。族谱（家谱）不但是人类发展史的一部分，在某些方面也起到了促进社会文明发展的作用，所以在一定历史时期，它有存在的合理性。

第三节　我家的家规家风

我的家庭不是什么名门望族，高官达贵，也算不上书香门第。不过我的父亲是行武出身，曾在冯玉祥的部队从戎，担任过冯将军的护卫，有一身好武功。可能是受冯将军的影响和熏陶，他为人处世和家乡人不尽相同，在家训和家风方面也有独到之处，他影响了我的一生。

我的父亲名为李良相，字茂春，原旧县西小李庄人，他以"忠、孝、志、诚、善、礼、勤、俭"八个字为座右铭。

"忠"是对于国家而言，一个人首先要热爱自己的国家。不管到什么时候，都不能做危害国家利益的事情，更不能背叛自己的祖国，要安分守法。

"孝"是指对父母、长辈要尽孝。不但要赡养他们，更为重要的是平常要听从老人的教导。天下的父母没有想教自己的儿女学坏的。最亲爱、最仁慈者是我的双亲。父母之恩，水不能溺，火不能减，孝敬双亲以让双亲欢心为本。

"志"就是为人要有志气，不攀高，不踩底，不攀官，不靠富。在生活上要不卑不亢，冻死迎风站，饿死不折腰；冻死不烤灯前火，饿死不舔猫剩食。也就是说，人可以穷，但不能丧失骨气，宁愿饿死，也不愿接受凌辱性的施舍。有多大本事就干多大事，不靠富贵，不眼热别人。

"诚"就是要诚实，无论对老弱幼残穷富，都不能欺骗，要一视同仁。为人做事要讲良心，绝不做一点坑蒙拐骗、有损别人利益的事情。

"善"即善良，一个人要有善心，无论对人对事，首先要抱着与人为善的态度，不能动歪点子、逞强称霸欺负别人。日间做事无愧心，夜里睡眠自安稳。

"礼"是指礼节，要讲礼数、守规矩，对亲朋好友都要尊重。人家敬你一尺，你要敬人家一丈，讲究礼尚往来，不能让别人说你是个没有教养的人。

"勤"是指勤奋。平时做事情要兢兢业业、勤奋踏实，不能怕吃苦，不能贪图清闲，要知业精于勤的道理。

"俭"是节俭之意。父亲常说："人无远虑，必有近忧，一个人在兴旺时，要考虑到衰败时；富有时，要考虑到贫穷时。"养成勤俭的好习惯，什么时候也成不了败家子儿。

我父亲就是按照他的座右铭度过一生。他刚从部队回家的时候可以说是一贫如洗。父亲筹借资金，在别人屋檐下摆个小杂货摊，他做生意规规矩矩，老不欺，少不瞒，从不卖孬货，更不会缺斤少两。他常说："不讲究诚信的人早晚要失败。"借欠别人东西和钱财，许诺三天后正午归还，绝对不会拖一个时辰。对别人他也严格要求，如果别人跟他失约，他绝对不再跟这个人共事。

以前旧县集有一个混混，赊账欠款不讲还，要他还账的时候吹胡子瞪眼，甚至还动手打人，街坊拿他也没办法。有一天，他赊了我父亲的账，说好三天后还钱，可到了三天后，不但不还，还想再赊些。我父亲知道他的底细，也不想找气，就又赊他一次，结果这人得了便宜还卖乖，还要赊欠。这次我父亲义正词严地拒绝了，并且要他把之前的账款补清。这人一听就拍着胸脯说:"在这旧县集还没有人敢不赊给我的,我今天就赊你的了,你敢拿我怎样?"说着伸手向我父亲打来,我父亲不慌不忙一八卦掌,把他从街南打到街北。他不服再次扑上来,我父亲这次真的有些生气,一计八卦掌把他打得四仰八叉。旁人也不扶那人,他直躺了好一会才自己爬起来。他叫嚣着要找人评理,于是去找旧县的名人李老代、王体国、余老藏等人,却只听到一个声音:把欠的账款补齐,李茂春可不是你能随便捏的软柿子,好好掂量一下吧。我父亲在旧县这一生就展示过这一招,从此以后没人再敢欺负他。由于我父亲为人忠诚,并且勤奋经营,不到三年时间,就在西城以内黄金地段买地盖房。

父亲是一个严肃可亲又可敬的人,我是个独生子,所以父亲和母亲都非常疼爱我,两位老人从来都没打过我一次,没骂过我一句,真是文明的家教。父亲对我的教育是言教加身教,每天都要讲几句,并监督我实践。我觉得我的父亲与众不同,家族亲友、街坊邻居,无论是红白喜事还是买地购房,他都会乐于参加。他助人但从来不给别人添麻烦,不在别人家吃饭,就连姑母也留不住他吃饭。

父亲一生不抽烟、不喝酒不喝茶,吃饭七成饱,注重养生。他睡了一辈子硬板床,夏天睡长板凳。那真是走路一阵风,站时一棵松,坐时像座钟,睡时一张弓。在我印象中,从来没见他生过病,一次偶然的中药中毒,导致他66岁离世。在养生方面,我受益匪浅,时至今日使我养成良好的生活习惯。父亲更注重言传身教,他一生勤苦,能屈能伸,能文能武。中华人民共和国成立后,我家弃商务农。最初父亲不会种地,但是到后来我家的庄稼收成都能超过邻居。我父亲也打过卖水，但他老人家从没有觉得这是下贱的工作，按我父亲的话说：奉公守法不怕官，为人本善不怕天。我以劳动为荣，不为羞。不欠人家钱，不欠人家情，就算是得到了别人帮助，哪怕到最后无法涌泉相报，至少要铭记在心。对别人，在条件许可的情况下，尽量资助，而且是要出于善心，不要计较回报，这样才能挺起腰杆走天下。

我母亲是位真正的贤妻良母，她是崔庄人，不识字没文化，却通情达理。她对我的父亲十分崇敬，知道我父亲是个真正的好人，对父亲几乎到了唯命是从的地步，从来没跟我父亲争吵过一次。母亲把家里收拾得井井有条。我父亲在教训我的时候，母亲都会在旁帮训，从不会护犊，父亲安排她怎样管教我，她绝对不打折扣地照办。比如说每晚教训我睡觉的姿势，直至今日我已70多岁，行坐站睡的姿势都一如当初父母的要求。我的父母对我的奶奶是孝顺的，对亲朋好友是真诚的，我的家庭从来没有吵过架。我有一次因为猪圈的事情跟父亲顶了几句嘴，直至今日回想起，都觉得内疚，觉得对不起他老人家。

很庆幸我是在这样优良的家风中长大的。但遗憾的是，一些好的族规家训家教家风未完全传承下去。

可喜的是习近平总书记近年来提出："中华民族自古以来就重视家庭，重视亲情。家庭是社会的基本细胞，是人生的第一所学校，不论时代发生多大变化，不论生活格局发生多大变化，我们都要重视家庭建设，注重家庭，注重家教，注重家风，紧密结合培育和弘扬社会主义核心价值观，发扬光大中华民族传统家庭美德，促进家庭和睦，促进亲人之间相亲相爱，促进下一代健康成长，促进老人老有所养，使千千万万个家庭成为国家发展、民族进步、社会和谐的重要基点。"这番话是多么及时，是多么英明。现在的家庭都是小家庭，跟以前的四世同堂的格局发生了很大的变化，但我们仍要注重中华民族的传统美德，并将它发扬光大！

第五章

节庆习俗

第一节　腊月习俗

民俗与民众的生活相关，旧县区域进入腊月有如下的民俗和规矩。

腊八节　即农历腊月（十二月）初八日。相传腊八节起源于夏代。夏代称十二月为"嘉平"，商代称其为"青祀"，到了周朝，又名"大腊"。周代帝王要举行隆重的祭典"冬祀"。古代《说中》一书中有"冬至后三戌日腊祭百神"的记载。后来腊祭百神的习俗流传民间，到了南北朝时期，正式确定腊月初八日为腊八节。

关于腊八节的传说极多，有一说是为了纪念岳飞。旧县过腊八节只是吃腊八饭。那时旧县人一年四季以面食为主，很少吃米，唯有腊八这一天，家家户户吃米饭，"吃了腊八饭，就把年来办"，自此筹备年货。腊八祭神者极少。

祭灶 顾名思义是祭奉老灶爷的日子。相传"君祭三、民祭四"。旧县人大都在腊月二十四日祭灶，少数也有二十三祭，没有在腊月二十五、二十六日祭灶的。关于祭灶的传说很多，相传是从商朝流于至今。《五祀》书中记载（户一、灶二、中溜三、门四、行五）之礼仪，灶神就在其中。灶神的名号很多，俗称"灶君""司命真君""护宅天尊""灶君公"等。其全衔是"东厨司命九灵元王定福神灵"，当地人都称其为"老灶爷"。"老灶爷"的真实姓名众说纷纭，据古代的稗官野史记载，其中一说他叫"苏吉利"，还有的讲，灶爷姓张名单字子郭等。不过在"民以食为天"的时代，灶君是主管人间烟火的神灵，还说他是玉皇大帝派遣到人间纠察善恶的特使。灶君老爷有两个侍官，一捧善罐，一捧恶罐，随时都可把一家人的善恶行为记藏在罐内，到年终腊月二十三或二十四日上天向玉皇大帝汇报。据《敬灶全书》说，灶王"受一家香火，保一家康泰，察一家善恶，奏一家功过"。传说被灶王举报者，大都减寿，大过三百日，小过百日，可见灶王爷权力之大，所以人间敬奉也。《论语》中有"与其媚于奥，宁媚于灶"的语句，可见祭灶习俗历史的悠久。还有一种说法是把祭灶的习俗追溯到原始时代，那时原始部落崇拜火，敬奉火神，在原始群居的生活中，一堆不熄灭之火便是他们的灶，因此，在原始社会，火神与灶神是一致的。到后来有了支锅煮食的灶，灶神的形象则依次为三支锅石，铁三角，女性神，男性神等。据文献记载，祝融、黄帝、大曜星君等都曾被冠以灶君神位。

祭灶也为过小年，人们首先要把厨屋、院落都打扫得干干净净，然后把厨具、面案等放得整整齐齐，有条有理，尤其要把锅灶清洗干净。到了下午六七点钟时，人们开始祭奉。主妇首先在灶台上摆放祭品（鸡、鱼、猪肉等，也有上清茶果供的），把预先买的麦芽糖（糖瓜子）擀一块贴在老灶爷嘴上，叫糊嘴甜心，希望上天多言好话。再有主妇在灶门前烧纸敬拜，大多数是用烙馍的铁鏊子翻过来，放入拌好的草料、麦麸皮等，这是给老灶爷喂马，让老灶爷骑马上天。那时当地老灶爷的画像多是木版年画，有老灶爷、老灶奶奶的合像，画像还印有当年的年历，两边对联是“上天言好事，下界保平安”，上语“一家之主”，神牌位写的“东厨司命君之神位”或“灶爷、灶奶之神位”。然后家长烧香、点蜡、放炮，全家人磕头跪拜，由家长祈愿老灶爷上天言好事，下界保平安。祭奉完毕，主妇把自己做的芝麻花生糖拿出来，大家分享。

过了祭灶，人们就开始为过欢庆、隆重、神圣的春节而准备工作：首先要对屋内外及庭院进行大扫除。大扫除的习惯在唐宋时期就流传下来，那时叫“扫尘”或“扫年”。过年前人们总要把屋内所有的垃圾，包括屋的四角以及顶棚的蜘蛛网、灰尘等清扫得干干净净，也要清洗衣服、拆洗被子和赶制新衣。人们常说：“看，打扫得跟过年哩。”接着，人们开始办年货，杀年猪、羊、鸡、鸭、鹅，买鱼。在年三十前，人们要把敬贡的单冠翘尾的大公鸡，瘦长的大鲤鱼，圆肥的座盘肉整理好，还要炸撒子、炸丸子、炸鱼、炟肉、剁馅子、买豆腐、蒸馍。过年吃的馍里面一般要放一个红枣或红薯块，馍顶还要点上红点，以表喜庆。过年要蒸枣山、编果子（用黏米或红秫秫面做的长方形小果子）、炸果子、做黏糕（黏与年谐音，糕与高谐音，黏糕是年年高，即新年大吉大利）。旧县人过年都要买点三角元的白菜和葱、樊园的菠菜、沙地的萝卜和干菜。最后是过年装饰。过年不但要贴门神对子，还要把大门和堂屋里装饰一新。大门上用鲜竹竿扎彩门，彩门上面插上柏枝，系上纸绣球和金银（过年专用，用五彩纸制的），挂上大红灯笼，堂屋内正中间树立"天地君亲师之神位"（天神、地神、君王、父母及上辈先人和老师，老师不但是教书的先生，而且还包括教自己手艺的工匠师父及武术的大师）。方桌（八仙桌）上放上大财斗，斗里面装上五谷杂粮，以黄豆为主，斗上贴"日进斗金""招财进宝""福禄寿"等。财斗前摆上做好形的贡鸡、贡鱼、贡肉、枣山、果子，蒸馍放在两边，酒盅起满酒，再放两双红筷、两对大蜡和两对小蜡。也有的在条几两边扎上鲜竹，上面悬挂五彩缤纷的彩虹纸、小红灯笼和红纸剪制而成的"金银"纸花等。院内还要插上一根大青鲜竹子，曰"摇钱树"。这些在年前一定要办完。

除夕　除夕是大年三十（小月二十九），也就是春节的前一天。家庭主妇要做好以下三件事：包好饺子，做好过年饭菜；要把过年用的蜜（五更喝蜜茶）、糖果、干货（如花生瓜子等）、水果都备齐；把做的新衣服（或换洗的衣服）给换上。另外还要准备好香、炮、馍和甘蔗，好在初一五更里到白果树下烧香（旧县没有庙后，过年都到白果树下烧香许愿，在香火堆内烧馍、烧甘蔗，已成习惯）。据讲吃了烧的馍可去灾，保健康。吃初一烧的甜秫秸（甘蔗）寓意年年甜蜜，节节高。

除夕要贴门神（年画）、对联（春联）。门神和春联的前身是"桃符"，也称"桃板"。古人认为桃木是五木之精，能避邪驱鬼，所以在除夕这一天，家家户户削桃木，画上"神荼""郁垒"，钉或挂在大门上，谓之门神。班固《汉书·广川王传》中记载，广川王的王殿门上曾画有古勇士咸庆的画像，短衣大裤长剑。到了唐朝，据说唐太宗李世民在玄武门事件中杀死了自己的哥哥弟弟，心里总是疑神疑鬼，终夜难睡，不得安宁。为了解除唐王的恐惧，秦叔宝和尉迟敬德披盔戴甲，手持兵器，分站门两旁护驾数日，李世民心里踏实，便安心入睡。后李世民对两人说："两位将军真是门神啊。"随后李世民找来画师，给他两人画像，把画像挂在宫门左右。于是，这一习俗开始流传民间。

随着时代的发展，门神（年画）的内容与形式也不断扩展。宋代叫"纸画"，明代叫"画帖"，到清代是木板年画的全盛时期，天津的"杨柳青"，山东潍坊、河南开封的朱仙镇等年画驰名中外。内容上有神话中的鬼神如"钟馗"等，还有人们心目中崇拜的英雄如"关公""张飞""岳飞""韩世忠"等。人们喜爱的财神、麻姑献寿、五子登科等等吉祥画也都被贴在门上或窗户上。还有的窗上贴上福、禄、寿、双喜、娃娃抱鱼、娃娃骑鱼等剪纸，名曰"贴窗花"。

春联也叫"对子"，也是从桃符演变过来的，起源于桃木板上刻写的"神荼""郁垒"之字，插或挂在门上。到了五代时，后蜀主孟昶自题的"新年纳余庆，嘉节号长春"应是我国春联的始祖。到宋代，人们不再把字画刻在桃木板上，而是写在红纸上，宋朝诗人王安石的"千门万户瞳瞳日，总把新桃换旧符"奠定了春联写在红纸上的格式。20世纪50年代前，旧县集上做生意的店铺，包括商店、商行、碗店、饭店等门面（木板大门）上大都贴"对子"。

春联内容有以发财、兴旺、喜庆平安等为主的诗句，也有按行业性质书写的联句，如商店门上大都贴"生意兴隆通四海，财源茂盛达三江""生意春前草，财源雨后花""一元复始门心皆水，万象更新物我同春""爆竹一声辞旧岁，桃符万户迎新春"等，横批"吉祥如意""万象更新""四季平安"等。堂屋门上贴"福如东海长流水，寿比南山不老松""天增岁月人增寿，春满乾坤福满门"，上语"大吉大利""人寿年丰"。门旁和院内还贴一些小条幅，上写"出门见喜""抬头见喜""满院春光""迎春接福"，床上贴"身卧福地"，水缸上贴"细水长流"。还有大红的"福"字到处可见。

贴"福"字是有来历的。相传，姜子牙封神时，他的老婆缠着他要封自己为神，姜深知其妻是"八败之命"，她到哪里，哪里就要衰败和穷困，因此，姜子牙封自己的老婆为"穷神"。其妻听后，大为不悦，高喊："我为穷神，可到何处受拜？"姜回答说："只要有福的地方，你都不要去。"此事传入人间，人们不愿贫穷，就贴大红福，以视为福地，这样"穷神"就不会光临。

倒贴"福"字，源于何处？有两种传说，一是很早以前，有个村子里住有贫穷的农夫老李头。有一年到了除夕，全村人都贴了门神对子，唯有他家还没有贴，他见到儿子，忙安排儿子把门神对子赶快贴好，儿子慌里慌张地把对子贴完了。第二天过年，有一财主走到其家门口，发现门两旁的"福"字贴倒了，就想老李头不识字，把"福"字倒着贴。财主有心想讥笑一下老李头，便高声呼叫他。老李头来到门前，看到老财主，寒暄已毕，问其何事，财主扬扬得意地问道："你家的福怎么这个样子？"老李头一看，知道儿子把福字贴倒了，又一看财主皮笑肉不笑的，心想：我如果说错了，老财主非嘲笑我不行。那一刹间，老李头灵机一动说："老财主，这一点你还不懂吗？这是福'到'我家，我家'到'福了。"财主无话可说。也不知是巧合或吉利话的灵验，财主家逐渐衰败和贫穷，老李头家兴旺起来了。

另一种说法是清朝有位恭亲王，府中有一管家，人非常机灵，能言善辩，还写得一手好书法。每逢过年，都由管家写春联。这一年除夕，管家写好春联，叫一个家丁把它贴上去。谁知这个家丁是新来的，而且一字不识，他把管家写得最好的"福"字给贴倒了。恭亲王发现后非常恼火，要痛打家丁，管家一听，非常着急，如果家丁挨了打，也显得我无能，办事不力。管家急中生智，跑到恭亲王跟前说："这位奴才之所以要这样贴福字，是因为他认为王爷福大寿高造化大，老王爷的大福'到'了，大吉大利大好运都'到'了。"老王爷一听，皆大欢喜，不但不处罚家丁，并犒赏管家和家丁每人纹银五十两。不过贴倒福字也是有讲究的，不是哪里都可以贴，如正大门，堂屋门是不能贴的，倒贴福字大都在箱、柜等上面，意为福到箱柜，福气留在箱柜里面。

贴春联也有讲究：春联内容要喜庆吉祥；贴春联要板正，不能歪歪斜斜、皱皱巴巴，更不能上、下联贴错位；本年家有丧事，不能贴大红春联。另外，旧县还有一个规矩，除夕那一天，只要贴上春联，就不兴要债人再上门讨债，大都要等到过了正月十五。贴好门神对子，吃中午饭后，家长领小孩到祖坟上坟（烧纸），并邀请祖上神灵都回家过年。

年三十晚，全家都要到齐，即使外出人员，没有特别情况，也都要回家过年吃"团圆饭"，这个规矩延续至今。吃团圆饭之前，要烧香、敬神，那真是"高堂摆长宴，红烛照通宵""烛光闪跃，金碧辉煌"。全家聚在一桌上喝酒吃菜，谈笑风生，喜气洋洋。

除夕饭桌上要有整鱼整鸡，象征年年有余，大吉大利。一定要做十样菜，求十全十美。年饭不吃鱼，取剩余（鱼）之义。吃过年夜饭，全家玩纸牌，掷"消消气"（是木板画的一种，带图案的游戏）。有的听老人讲家史、村史、新鲜事、故事等。

在这时大人要嘱咐小孩过年的禁忌，如：大年初一小孩不能哭闹；五更里不能出门尿尿、屙屎；不能说不吉利的话，如死、坏等；不能动剪子和刀，更不能打烂家具，尤其是盅、碗、盆、碟等；不扫地，不向外倒垃圾，不向外泼水和倒尿盆。妇女年初一不外出拜年，不串门，不到万不得已不请先生看病。大年里不喝稀饭，可以喝米茶。多说吉祥话，如"恭喜发财，新年好，拜年啦"等。吃过年饭，有的小孩到外边拾炮，能通宵达旦，一夜不睡。

第二节　元旦（春节）

古人称正月初一为元旦，又称其为三元，即岁、月、时之元。我国农历春节，是最古老而又隆重的节日，距今已有四千余年的历史。相传，远古有一位尧帝，是一位贤明的部落头领，善为民众办好事，深受民众之爱戴。而他的儿子不成器，尧帝担心自己死后，儿子难以胜任首领之位，后来他把帝位传给贤明、德才兼备的舜。舜继位后，干得非常不错。尧非常高兴，对舜讲："你今后一定要把帝位交好，我死也瞑目了。"后来舜把帝位传给治水有功的大禹。不久尧死了。舜为感激尧对自己的信赖和重托，以及对民众的关心和爱护，便决定选一日带领部落的民众，祭告天地和尧，并把这一天当作这一年重要的发首之日。发首即开始、第一的意思。太阳从地平线上升起象征一日的开始，太阳是日，地平线像"一"。于是"日"与"一"组合在一起为"旦"。元为年之始，旦为日之晨，人们称这一天为一年之首，称正月初一为元旦。由于时代不同，元旦的日期也没统一。在秦始皇统一中国后，以农历十月为正月，但因正月的"正"字与嬴政的"政"字近音同，犯忌讳，改正月为征月。

另有一种说法是"年节"起源于史前人祭祝祈年的日子。在谷禾只种单季（即种庄稼一年一季）的上古时代，我们的祖先谓谷禾一熟为一年，五谷丰登为"大有年"，后把年当作了"岁"。"年"时正值"秋收冬藏"与"春耕夏耘"之间的农闲时节，祭天祈年成礼俗，一年一祀，这应起源于古代"岁时历法"时代，有了"岁时历法",每年的第一天就是新年的开始。这一天人们就祈年和庆贺。

不论过年有多少种说法,但真正有记载的是汉武帝刘彻在位时。刘彻认为历法太乱,就令大臣编写"太初历",规定正月初一为岁首,即元旦,一直沿至清末。民国元年,我国又将春夏秋冬定为四节,即元旦为春节,端午为夏节,中秋为秋节,冬至为冬节。因此过年又叫过春节。到了1949年9月27日,中国人民政治协商会议第一次会议通过使用"公元纪年法",并正式规定阳历的1月1日,为我国元旦,农历的正月初一为春节。从此把以前的元旦改为"阳历"年,现在"过年"是过"阴历"年,也就是"农历"正月初一。

我们现在过春节,除以上所讲的年三十吃过年饭(团圆饭)后,大人小孩换上新帽、新鞋、新衣服外,小孩还要给长者拜年,长者给晚辈压岁钱。压岁钱的习俗源于谐音吉祥的民俗心理,"岁"与"祟"谐音,"压岁"即"压祟",谓之镇压万恶,不让其"作祟"。

过年给压岁钱源于一个古老的故事。相传在很早很早的时候,有一头独角怪兽名叫"年"。每到岁末,"年"都要从深山老林出来,掠取食物,使人恐慌不安,难以平安生活,为此,人们就采取很多措施来对付"年"。到了五更时,人们开始放鞭炮,鞭炮一响,把"年"吓得要跑。这时有胆大的拿着火把出门观看,可"年"一见红红火焰,慌忙逃窜。因此人们发现,怪兽"年"不但怕鞭炮的响声,还怕红色,于是民间便形成过年放鞭炮、贴红纸、小孩穿红衣等习俗。古人认为红色可以辟邪驱魔。

不但放炮驱"年"，还用大红纸包上钱给小孩，只有这样才能把"年"驱走或压住。就这样，形成了过春节放鞭炮和给压岁钱的习俗。

旧县在20世纪40年代的春节，人们喜欢贴大红对子、放大炮、烧大香、点大蜡。过年放鞭炮，在古代是跟桃符一样为了驱鬼祛邪，"爆竹一声除旧，桃符万户更新"的诗句，说的是爆竹和桃符都是过年必备之物，都是驱鬼祛邪之物。以前的爆竹就是现在的鞭炮，古人用竹竿燃烧后发出噼噼啪啪的炸裂声，以此驱鬼祛邪。诗经中有"庭燎之光"的记载，"庭燎"就是当时用竹竿之类做成的火炬，又叫爆竹。晋朝梁宗懔写的《荆楚岁时记》载："正月一日……同鸡而起，先于庭前爆竹避山臊恶鬼。"到了唐朝，经炼丹家发明和研制，用硝石、硫磺和木炭合在一起制成火药。火药的发明，使爆竹进入新时期，到了北宋，人用纸包裹火药，制成爆竹。进入南宋时，正式形成鞭炮。据周密的《武林旧事》记载："内藏药线，一发连百余响不绝。"至此以后，爆竹发展为多种多样的鞭炮和烟花、礼炮，到了20世纪初，过年放鞭炮已不限于祛除鬼邪和娱乐，也是商家求发财的手段。

旧县每到大年初一五更时，小孩都成群结队，多者五六十人，少者二三十人"拾炮"，从夜里十一点到天亮十点多钟，一夜不睡。拾炮时嘴中还高喊"落"得多，这对于经商者来讲是最大的吉祥语，落得多就意味着做生意赚得多，余得多。因此春节放年炮是非常隆重的事，但里面是有奥秘的。旧县集东街就出现过一件有趣的事。有一年，这家商号准备订炮，每年都由老掌柜的（老当家的）找"老主户"（经常交易的人）炮匠订过年炮，

116

而这一年，由少东家办理，但是老东家没说订年炮的奥妙。少东家找到炮铺老板订年炮，炮铺老板问少东家订做多少头的（即多少数），少东家说五更炮订四千双鞭（那时“四”字为吉祥字，求四季发财。鞭炮分单、双响）。炮铺老板又问，虚多少，少东家回答，要实数实响，不搞虚的。他的意思就是要“实实在在”。炮铺老板无奈，就按少东家的要求承制。就是这个“实实在在”引出了一个故事。大年初一，此家一点多钟就起来烧香放炮，小孩一看，这么大盘炮，非常高兴，就群起而来拾炮，高喊“落得多”，可炮放到三分之一了，小孩也没有拾到一个炮，这时小孩就高喊“没落一个”“没落一个”，老掌柜的一听，心里一惊，感到不是滋味，不能叫小孩这样喊下去，赶紧叫家人捧上一捧散炮向外撒去。他的意思是，这样小孩就能拾着炮，就会喊“落得多”，谁知适得其反，小孩高喊的是：“你看，没落一个，他家还向外‘扳’（扔）着呢，这‘扳’得多。”老东家一听气坏了，这个年也没过好。说也奇怪，也就在这年老东家生意亏本，不到一年的时间就关门歇业了。年初一放鞭炮一定要有虚数，这个虚字是炮匠专制不响的炮，让小孩拾，最多可达百分之三十，生意场的老手都知此奥秘。

还有一个故事，也出于旧县东街。有家商行，大年初一五更开门放炮时，小孩发现有一棵“柳裁子”倒在家门口，小孩知道这不是好事（柳裁子象征迎魂幡，这是小人在咒他家），就赶紧跑到堂屋拉住他爷爷到门口去，老爷子问孙子什么事，小孩就不说什么事，只讲“爷爷你一看就知道了”。爷俩到门口，老爷子一看，心里一寒，朝门外一看，还好没人发现，这时老爷子就把

"柳裁子"拾起来放在小孩的肩膀上说："孙子，这时老天爷赐我们家的'摇钱树'，赶紧请回家。"到了堂屋，把"柳裁子"放在条几前，全家磕头跪拜后，插在院内，然后放大炮、烧大香、点大蜡。结果此家这一年生意兴隆，财源茂盛，大发其财。而据说给他家送"柳裁子"的一家，生意亏损，家人自残，几乎到了家破人亡的地步。从此可见，人心要正，人心要平，人心要善，人心要实。一切有奸诈险恶之心的人，结果都是害己作孽得恶报。

初一洗脸后人们喝甜茶，烧香敬神后吃菜饺，商人家大都把饺子包成元宝样，十几个元宝上面搭上一根面条成钱串子，以祈愿成串金钱元宝进家来。过年吃饺子，有这样的说法："大寒小寒，吃饺子过年。"不论南北两方，过年都有吃饺子的习俗。民间流传，饺子源于医圣张仲景的"祛寒娇耳汤"，形似弯月的饺子，被人称为"娇耳"。据《方言》记载，汉朝人将带馅的汤饼叫"馄饨"，这种馄饨形似偃月，与汤一起食用，这就是最早的饺子。《东京梦华录》中说："凡御宴至第三盏方有下酒肉、咸豉、爆肉，双下驼峰角子。"也就是说饺子又出现了"角子"的称呼。到了元朝，饺子又叫"扁食"。直到现在，农村上了年纪的老人还称饺子为"扁食"。到了清朝，饺子又称"饺儿"，据文献记载："元旦子时，盛馔同类，如食扁食，名角子，取其更岁交子之义。"这就是说，在清朝，人们就在除夕包好饺子，等到元旦子时，煮饺子吃，是有"更岁交子"之含义，吃饺子求讨吉利。祈愿新的一年吉祥如意，财源广进。我们当地包饺子时，个别里面放一钱币或花生、枣丁等，如果家人中哪个吃着了，这一年就顺顺利利、财源滚滚，讨个好口彩。

天亮，有家长带着晚辈先给本家长辈拜年，然后街坊邻居互拜。那时拜年除到自家本家族进屋跪拜外，大都拱手作揖，口中高喊："新年好，恭喜发财。"上午把自家的爷奶、叔、大爷等至亲请到家里，欢聚一堂，也就从此开始拜年请客，直到过了十五才能结束。

大年初一开始拜年，有两个传说。一是，古时的一种怪兽，大家叫它"年"，每到除夕晚，人们用放炮、贴红纸赶跑了"年"。人们恐惧"年"又到家作怪，家家户户便关上门窗，全家人围在一起，一是避"年"重回，二是全家人在一起吃饭，庆贺战胜"年"，并互相打气壮胆。怪兽"年"进不到屋里去，人们为平安度过"年"关，便互相道喜庆贺，延续至今。另一种说法是，唐朝李世民发动玄武门之变，程咬金、尉迟敬德等人立下汗马功劳。李世民坐上皇位，这些众大臣自认功高，就有点飘飘然起来，尤其程咬金更不把满朝文武放在眼里，尉迟敬德也是如此，而他们两人更是谁也不服谁，针锋相对。李世民看到他两人如此下去，终日忧心忡忡。一天魏徵向李世民说，明天是年三十，你在早朝时屈尊皇驾，给文武大臣拜个年，就说新年讨吉利，并希望众大臣效仿，也要互相拜年，还要总结这一年内，干了什么对不起老百姓、对不起皇帝的事，要互相问候，讲讲吉利话，求个好运气。年三十早朝，李世民真的按魏徵说的去做了，给众大臣拜了个年。第二天，也就是年初一时，满朝文武都互相走动、问候，可程咬金却无动于衷，心不服，不愿外出。就在这时，尉迟敬德登门拜访，程咬金见尉迟敬德先礼让一步，自己也不较劲了，于是两人及满朝文武大臣团结和睦，从此拜年的习俗流传下来。

现在的拜年已突破互相沟通的范畴，而发展到互相尊敬，并充满晚辈对长辈的孝敬之意，如外甥给外老拜年都要备上丰盛的礼物，女婿年初二要给老岳父拜年，要备四色礼（就是鸡、鱼、肉、果子，肉还要联刀等。过年都要到七大姑、八大姨、老表、干亲等家里走一遍，非常繁忙和热情。本地过年时还有以下禁忌：一是出过门的闺女不能在娘家吃"腊八"饭，"腊八吃了娘家米，一辈子还不起"。二是出过门的闺女不能在正月十五那天到娘家过元宵节，"在娘家看灯，一辈子穷得叮当叮"。正月十三是"阎王"祭，不许走亲串友出远门。初五、初十、十五，家家都要烧香、放炮、敬神。初五、初六、初十、十二、十四、十六是商行、店铺开业的大吉日，大小牲畜行一般都在正月二十二日开门。正月十六是接闺女的日子（也是闺女走娘家的日子），闺女要给爹娘蒸老雁馍。

过年时旧县的文艺。过年不论工、农、商，人们都是吃好、穿新、休闲娱乐。旧县年三十晚及初一出灯的少，大都出在正月十五元宵节。那时过年旧县唱大戏，最多时可达三四台，有淮北梆子、二来弦、曲剧、下河调（花鼓戏）等。有外地专业剧团，也有本集上业余爱好者组成的剧团。我记得那时最爱唱戏的有"大画眉""三秃""吴老四""朱老铎""马朝瑞""邢胖子""元老头"等等。他们一到逢年过节，就组合在一起，不搭戏台，曰"坐地玩"，非常有趣。曲艺上，一到过年唱大鼓书，"焦学发""王小坡"的小钹子戏，"垫子翁""道情""史大个"的评书等深受当地群众欢迎。"跑马上刀山"与小型魔术、杂技是过年时人们爱看的节目。小孩爱看"担担戏"（手指戏），《猪八戒背媳妇》。"糖猴""泥巴人""看洋片""摞圈""摇花拉团""辫麻糖""劈甘蔗"等，都是集上人逢年过节常玩的小乐趣。商行里的掌柜及老年人爱打麻将、揭纸牌、听说书、看唱书、上茶馆聊天。斗鹌鹑、斗鸡也是当时最时髦的活动。年轻人看戏、看大把戏（杂技）、打毛蛋（用木棒打木圆蛋）、摞铜钱、踢毽子、打琉琉子、推铁环、跳绳、摔跤、叨鸡（一只腿站着，另一只腿抱着架在站腿的膝盖上，两人互相攻击）、牦牛抵头（三个人一组，一个人当牛头，一个人做牛尾，另一个做牛身，由牛头、牛尾抬着，向另一组攻击，倒者为败）、闯张飞（由六七人手拉手站成一排，另一人看哪个地点弱，猛闯，过者为胜）。那时天气较冷，过年时大都冰天雪地，打雪仗、滑冰也是青少年常玩的游戏。年纪较小的孩子，玩"盘盘腿"，唱词是：盘盘腿、盘盘脚，亚拉葫芦摞簸箩，簸箩东，簸箩西，西地里种荞麦，荞麦开花一片白，金扎火连卷这一只小花鞋。丢包（十几个或更多的小孩坐一圈，有一人围绕这一圈人的背后，把手帕丢在一个人的背后，如果这个人发现了，便拿起手帕继续跑，如果没发现，被丢包者要被罚唱歌等）、砸鞋罗（有三四个小孩把自己的鞋脱掉，搭放在一起，里面是空的，另一个站到一定距离，大概有三四米远，用鞋投向鞋罗，砸倒者为胜）、杀羊羔卖羊皮（十多个小孩接串在一起，有一个小孩在前面，寻找机会，拉住最后一个小孩为胜。这个运动往往一倒一溜子，特别有趣）、玩泥巴模（用黄胶泥制成各种人物像，用火烧成钢模，再用泥在钢模里印出来，成形），摔凹屋（小孩用黄胶泥做出小盆样的玩物，底中间薄，周边厚，用手翻过来使劲一摔，泥皮四溅），"藏么么"（捉迷藏），等等。

那时年岁大的男人，新年穿长袍短褂，穿"双脸"布鞋，脚脖子上边一点，用带子缠着裤腿，走路利索。有的戴毡帽或"帽点子"，戴礼帽的不多。妇女穿大花袄，头上挽髻，戴上银簪子和银拢子，有的顶"纱发"（用丝织的，长1米左右，宽0.3米，有黑色和蓝色），都穿绣花鞋。没结婚的大闺女，用红头绳扎上长辫子，身穿大襟子花袄，大筒裤子和绣花鞋。小孩戴虎头帽子，猫头鞋，花袄上面围花披风，小手拿"花棒槌"、拨浪鼓等玩具。

过年旧县有"请会"的习惯，"请会"分两种。一种是"拴儿还愿"，当地叫"拢会"。妇女结婚两三年后，没生孩子，这时就有邻居或亲戚中的一人出头，组合几个人（多者二三十人）在年初一、初五、初十、十五、正月二十二白果树古会等，备上香火，到白果树或沙河对岸王湾奶奶庙，烧香请愿，磕头烧香，求老白果爷或送子娘娘"送子"。人们当场给"未出生"的孩子起个名，由"要子"的妇女搂到怀里，一路喊叫，一直到家，不许拐弯，这叫"拴儿"。被拴的妇女，一旦生了孩子，一定选定日子（小孩百天、一年、三年、五年、十二年不等），都要到原先"拴儿"的地方还愿。这个仪式非常隆重，首先也是由一个"神头"召集数家，每人出一定钱数，这也叫"拢会"。请上唢呐班子，吹吹打打，抬着"供桌"，上面放上鸡、鱼、肉、果子等供品，抱着小孩，小孩身穿新衣，戴上红花，参会人员手中都拿柏枝或红花。烧香跪拜后，回家由小孩家大摆筵席，开怀畅饮，热闹喜庆非凡。另一种是"吃年会"，也叫"拢会"。由一人出头，这个人首先人品要好，大家信任，其次经济状况良好。拢会人召集十一人，每人每月出资，那时大都用粮食一到两斗，每斗45斤，拢会人头个月先使用，其他十一个人抽签，抽着3号就是3月使钱，抽着9号就是9月使钱。这相当于现在的基金会，属于民间融资，用于置地、建房、做生意。这两样"拢会"平常也会有，不过以春节最多。

我国是礼仪之邦，在几千年的发展中，已形成一种丰富多彩、深厚博学的礼仪文化。孔子曰："不学礼，无以立。"过年请客是民间的重要习俗，自初一到十五，几乎每天不是请客就是赴宴。年节请客和赴宴都有很多民俗和规矩。要知道和懂得礼仪，如过年时见到长辈、老人、客人、亲朋好友等，先行作揖礼（即拱手礼），双手抱拳，举于胸前，自上而下，大都稍弯腰。过年出门遇见亲朋好友，远点要使"招手礼"，近点要使"点头礼"。家中请客，要在请客的前几天内送请柬（本地叫下帖），请柬内容首先称××先生或××长辈，其次写上请客事由（婚礼等），再写清时间、地点等，落款为××鞠躬。请客的当天，一定要登门邀客，那时人们常说一句话，"备席容易请客难"，不邀几次，客人不会来。不邀视为不尊重客人，一请就到视为"肯吃"。客人到家后，先招呼到客屋用茶，一是等人，二是叙家常，活跃活跃气氛。客人到齐后，请客人到屋外方便和洗脸后入席。散席后，主人一定送客人到大门以外，这叫尊敬客人，有始有终。五让：让长辈、老人、客人先走、先坐（即先入席）、先说话、先动筷、散席先出屋。五不准：不准与长辈、老人和客人抢道走、争座（不要坐错位置）；不准争着叨菜（夹菜）和挑拣菜；不准和客人们争着说话，打断他们的说话，和他们争论不休；不准饮酒过多、失态；没特殊情况不准半路退席（客人不走，东家不能先离席）。这是那时的一般规矩，有一点做不到，人家都会说你没教养，欠家教。在春节与请客时，来了"要饭的"（乞丐），一定要给点东西，最好是蒸馍，不兴不给东西和训斥"要饭的"。更要看管好自家的狗，不能让狗咬着他们，以免要饭人说不吉利话。坐桌也有规矩，要是自家请客，东家就应该坐在正南方，如果自家有两人，以年纪小或者辈分低的坐在西南角的位子上，以便接菜、饭，这是个服务的位子。正对门一侧的靠左的位置为主位！是正位，只有长辈与长者或贵客坐在那里，其次是以东为上，西为下，左为上，右为下，座位要准，不能乱坐。盅、筷、勺、碟（醋盏子）要放好，勺要放在小碟子里面。筷子虽小，礼节和规矩可多。中国人使用筷子应起源于古代商朝后期，那时筷子叫"箸"。人们用两根小棍把碗中的小肉块夹起来送到嘴里，久而久之，就形成了现在的筷子。使用筷子的规矩：1. 过年或办喜事要使用红色筷子，代表吉祥（以前给老人过祭日也可使用红筷子）。2. 正确使用筷子的方法是大拇指和食指捏住筷子的上头，另三指自然弯曲夹住筷子。上头一定要对齐。放筷子也要整齐放在碗、碟的右边，绝不能长短不齐地放在桌子或碗上，那叫"三长两短"，不吉利（没上盖的棺材，两头短板，两旁加底三块长板，称三长两短）。3. 用食指指人，其大拇指、中指、无名指和小指捏住筷子，这意味着在指责别人，不礼貌。4. 用嘴含筷子，并发出啧啧声，令人生厌，是没家教的表现。5. 用筷子乱翻，挑拣碗、盘中的菜食，缺乏教养。6. 在餐桌上使用筷子夹菜，手不利落，摇摇晃晃，使菜水滴滴答答，有失礼节。7. 把筷子颠倒使，大头朝下或一头朝下、一头朝上地使用，使人看起来不沉稳，或饥饿贪吃，受人耻笑。8. 用一根或双根筷子插向碗里的肉块等，极不礼貌。9. 给人端饭时为省事，把筷子插在碗里，这是最不规矩的事，更为不懂礼仪。10. 单手拿筷，猛地送给客人，不但不雅，更显示对客人不尊重，一定要双手敬上。11. 用筷子敲碟子和碗，会被视为"要饭者"的行为。

敬酒　那时人喝酒都喝热酒，当人把酒壶送到桌子上后，由东家和陪客（专请的德高望重和亲朋作陪席的人）从里到外、从上到下起酒，起酒不宜过满，"酒七茶八"。敬酒时，起立，略弯腰，目视，面带微笑，讲几句恭维的话，右手执盅，左手扶盅，敬献他人，严禁不起立、单手端盅、绷着脸敬酒，更不能错位，乱敬酒，不能生硬勉强劝酒。碰盅时，要轻微，不能猛击，更不许把客人的酒撞洒。

　　春节也是各行各业换工招徒的时候，商行、店铺及艺人、匠人收徒弟和雇员都特别讲究，商行、店铺等规矩多。首先要试探你的人品，看你贪财与否，或手脚是否干净。有些新的职员和徒弟一进店在扫地和做杂活时，往往发现地上或哪个角落丢个铜钱和小物品，捡到后，要及时交给掌柜的。如果拾到后自己收起来不交柜，将被辞退。有的多次接受考验，拾到的东西，有一次不交也是被辞退，这是第一关。第二关看你是勤快还是懒，在商行等要早开门、晚关门，打水、扫地、擦桌子、烧水、泡茶，还要干给掌柜的铺床叠被、掂（倒）夜壶等日常杂活。第三关，要有"眼色"（要精明能干），不贪吃，有些眼皮手底下的活，要主动去干，不能什么事都要叫东家使着才去干。另外当店里请客或被安排去买吃的东西，你不能嘴馋贪吃。这三关过后你才能进店。

还有一点规矩也值得注意，那就是过年坐桌时有三点要注意：一是要把桌头摘掉，不摘掉桌头就视为给客人带眼罩子（只有牲口才带眼罩）。二是客人进屋时，东家和陪客一定站在门一边让客人先过，不许门两旁站人。门两旁站人视为给客人带驴扎把子。三是新女婿回门和初二拜年，坐桌有讲究。如果也有娘家的长辈，这时坐桌的位置，以新人（客人）为大的原则，新人必须坐上首，八仙桌的后面座位，辈高年长的客人怎么坐呢？这时必须要把方桌舒一舒（堂屋桌子都以桌面上的树板横向为准），就是把桌子略需调下桌子方向，新人再坐上首，就合规矩。以上三条一条做不到，懂规矩的新人就不会入席坐桌。

第三节　元宵节

古代正月为元月，称夜为宵，正月十五晚是新年升起的第一轮圆月，故称正月十五为元宵节。元宵节是我国传统节日中的大节，有多种传说，其中有一个是这样说的：玉皇大帝最喜爱的一只天鹅被猎人射伤，降落人间，玉皇大帝非常愤怒，令天兵天将在正月十五晚上到民间把人和牲畜烧光，以此报复。太白金星以为此举伤害无辜的百姓，于心不忍，就派火神偷偷下凡通知人间百姓：正月十五夜，处处张灯结彩放鞭炮，造成失火的假象。到了正月十五这天晚上，老百姓就燃放鞭炮，手里还拿着火把。太白金星告知玉皇大帝，已把人间烧了。玉皇大帝信以为真。老百姓躲过一劫。从此，人们把这天定为元宵节，年年庆祝。

旧县人在20世纪初，每到正月十五挂灯、放炮、敬月老、吃汤圆，以求全家团团圆圆，并在正月十四开始点灯笼放烟火，至正月十六结束。

那时的灯笼有走马灯、蛤蟆灯、枝子灯、宫灯、孔明灯、老绵羊抵头灯等等，品种多样，五颜六色。大街上门前挂着灯，小孩手上提着灯，成群结队的人观赏灯，热闹非凡。

花灯与放烟花。花灯就是由大家筹钱打造的玩狮子、跑马、小车子、旱船、撒哈喇、拽犟驴等。烟花大都是税镇邢小街的烟花，旧县魏家炉房打大花。

旧县的狮子灯远近闻名，狮子头是在外地定做的，比现在的狮子大上一倍，威武雄壮。狮子皮用布和麻编制而成，全身要有五六十斤。玩狮子要由两个人组成，在前为头，此人身小玲珑，会武功。后尾是膀大腰圆、力大无穷之人。旧县大狮子两个，小狮子一个，还有一个拿绣球的。玩狮子有几个大动作：砍罗底锈锈、拿羊桩、窜桌子、拜四方等。旧县玩狮子的都是赵家人，拿绣球的先是赵万善，后是赵长青，他们身怀武功，扳单、双叉、耍车轱辘、打旋风脚等，非常熟练。他们拿绣球最灵活，在全县有名。拿羊桩、窜桌子是玩狮子强度最大的动作。拿羊桩就是玩后尾的人一手抓住前人的腰带，一手托住屁股，能在场子里跑上两三圈。窜桌子，是后面的人肘着前头人，纵身上桌，最高窜六张桌子，并在桌子上砍罗底锈锈、拿羊桩。那时刘普际、姚德正、小老六、马慈仁、闪柏道等都是玩狮子的名手。旧县的狮子灯在太和是独一无二。

竹马，也叫跑马灯。竹马是把竹竿破开，由麻绳扎成。马头、马身子用红、黄、白、蓝、黑彩纸糊成。那时玩走马灯的有十几人，前后各一组，每组一个引（跑）马索，后面有个打督都旗的。跑马灯的看点是：跑马时碎小步快捷，走剪子鼓有序，稳、快，马头马尾要灵活。领马索也会打旋风脚、耍车轱辘等。跑马灯大都以民间故事的人物而成。旧县那时的代表人物有李秉强、李正民、赵万坛等，尤其是打督都旗的李正毅。督都旗是由一根两三丈高、小汤碗粗的毛竹制成，上面挂着两个红灯笼，用红布制的月牙旗，上写"普天同庆，共度佳节"。这根督都旗有四五十斤，李正毅跑起来只见两个灯笼摆动，旗杆稳直，可见功夫之深也。

推小车子。旧县那时推小车子的高手是外号称"蒋聋子"的人，他是亳州来旧县做生意的。在表演推车上岗、放下坡及小车切耳（小轴断）的动作时，他身子的曲直，屁股的扭动，加之口中哨子的配音，真叫活灵活现，滑稽、粗犷的动作，引人注目。他的儿子叫平安，那时也不过八九岁，扮演拉车的，头上扎个小辫，穿个红兜子，画个小丑脸，他机灵、滑稽、天真的动作给表演增加了很多亮点，时不时得到全场的喝彩声。

玩旱船。所谓旱船，就是在陆地上行走的船，它是由竹竿、纸、布扎的模型船。船内"坐"着（实际是站着）一位打扮得花枝招展的俏佳人，手打小花伞。船两边配角是丑（老）摇婆，手拿大蒲扇或长杆烟袋，旁边还有一位老梢公。看旱船主要是听他们唱的"下河调"（花鼓调）。下河稠配上锣鼓，听起来声音清脆、圆润、悦耳。

玩蛤蜊。蛤蜊精由男的扮演，有蛤蜊精和老渔翁两人表演，主要看他们斗智斗勇。蛤蜊精夹老渔翁的手和脸等动作，活灵活现，扣人心弦。李良明、王化荣等演得最为精彩。

二仙跤（摔跤）。有一道具，四只手，四只脚，两个头，实际是一个人，穿上这个道具服看起来就是两个人在摔跤。表演者使出全身解数，把摔跤的正反、歪斜、胜败表演得活灵活现，扣人心弦。

最后的压轴表演是拽犟驴，那时由彭绍武扮演拽犟驴的小伙子，刘忠启演骑犟驴的俏媳妇。此表演突出一个"犟"字，犟驴上岗、下坡、快跑、慢停等，都不听赶驴的使唤。犟驴摇头摆脑，前踢后扒，使得拽驴人摔跟头、耍轱轮、扳单叉，还要来个陆地十八滚。炸响鞭，挨驴踢，累得他汗流浃背，气喘吁吁。使观众看得捧腹大笑，心旷神怡。

第四节　龙抬头

二月二龙抬头，旧县人过二月二的习俗一是"剃龙头"，二是吃煎饼，希望兴旺发达，防灾避难（防蝎蛰蛇咬）。但这天也有禁忌，一是妇女这一天不做针线活，因为二月二这天不许使针、剪子和锤子，怕伤着龙眼。二是去井边提水时，不许碰井沿，怕碰着龙王爷。三是家有石磨的到了那一天，不论面磨、油磨、水磨及大小磨，都在二月初一那天下午开始冲洗干净，用木块撑起来，以免压着龙头，二月二那一天，不准推磨，更不能锻磨。

第五节　清明节

清明节又称鬼节，本是中国农历二十四节气之一，但由于清明要祭祖上坟，其节日更显重要，后来又把寒食节并入清明节，就形成了一个节气，上升为全国性节日。清明节与七月十五（中元），十月十五（寒衣）合称三大鬼节。大诗人杜牧诗："清明时节雨纷纷，路上行人欲断魂。"短短的两句，便将清明的清冷凄凉衬托得淋漓尽致。

清明祭祖有两种方式，一是在家和祠堂祭祀宗祖，这大都是在外为官和经商不能到坟地的人；二是到祖坟上祭祀。

旧县人大都采取第二种形式，清明祭祖是烧前不烧后，就是过了清明后，就不再烧纸祭祖。清明上坟，人们首先把祖坟上的杂草铲除，有洞穴的要填平，添上新土，按上坟头，然后烧纸放炮，跪下磕头衷敬祖先。扫墓祭祖还有一种内涵是加强本宗族内的族人相互团结，并传教子孙奋发图强，出人头地，光宗耀祖。旧县人清明扫墓多在下午，上午者极少。

另外，清明节不但修坟祭祖，还有踏春之内容。清明前后，春阳照临，春雨飞洒，是植树的好季节。

第六节　端午节

农历五月五是中华民间古老的传统节日——端午节。端午节的起源可追溯到春秋战国，楚国大夫屈原为祖国投汨罗江自尽，人们为了保护其尸体不让鱼虾而食，在五月初五这天家家户户炸糖糕、包粽子，撒于江中喂鱼鳖虾蟹。自此就形成了端午节。民间流传"五月端午不算节，糖糕粽子喂老鳖"。后来人们不再向河里撒食物，而人食之。旧县人过端午节不烧香、不敬神、不玩龙舟。家家吃粽子、糖糕、糖包子、油角、煮鸡蛋、煮蒜头，并送亲朋好友。翟湾的粽子、李天保的糖包、许廷臣的油角糖糕等都供不应求。

古时候民间称五月为"毒月"。尤以初五毒气最重，所以这一天家家户户门前插艾叶和莆棒，还有的用莆戒（叶）做枕头，门前贴钟馗像驱邪。为防蛇、蝎、蜈蚣等之毒，人们在那天喝雄黄酒，并给小孩在耳朵、鼻子、肚脐眼等处抹上雄黄，还有的用五色彩线（红白黑黄绿）捻成细线，制成手、脚镯，在五月初五这天拴在小孩的手脚上，待节后第一场大雨后剪掉，放入水中，让水冲跑，意味着毒灾已去。端午节人们还用雄黄和香料，做成各色各样的香包，挂在小孩的胸前驱蚊虫。

第七节　六月六

农历六月六晒龙衣。据说以前皇帝都在六月六晒衣服，那天晒的衣服不生虫。此后这一习俗流传至民间。还有个民俗是吃炒面，将新麦面炒熟，用开水烫着吃，有的加糖，这叫"赏新"。

第八节　七夕节

农历七月七是七夕节，也叫乞巧节、情人节、女儿节、洗头节等等。七夕节源于织女牛郎的神话，传说天上有个织女星，还有一个牵牛星。织女和牵牛情投意合，心心相印。可是，天条律令是不允许男欢女爱、私自相恋的。织女是王母的女儿，王母便将牵牛贬下凡尘，令织女不停地织云锦以示惩罚。牵牛被贬之后，落生在一个农民家里，取名叫牛郎。后来父母去世，他便跟着哥嫂度日。嫂子马氏为人刻薄，经常虐待牛郎，后来马氏把牛郎分出家去，只给了他一条老牛和一辆破车。从此，牛郎和老牛相依为命。他们在荒地上披荆斩棘，耕田种地，盖造房屋。牛郎并不知道，那条老牛原是天上的金牛星。这一天，老牛突然开口说话了，它对牛郎说："牛郎，今天你去碧莲池一趟，那儿会有仙女在洗澡，你把那件红色的仙衣藏起来，穿红仙衣的仙女就会成为你的妻子。"牛郎见老牛口吐人言，又奇怪又高兴，也照它的话去做了。后来织女见到牛郎，知道牛郎便是自己日思夜想的牵牛，便含着羞答应了他。这样，织女便做了牛郎的妻子。两人婚后生了一儿一女，十分可爱。牛郎织女以为能够终生相守，白头到老，可是，王母知道这件事后，勃然大怒，马上派遣天神仙女捉织女回天庭问罪。

这一天，金牛星转世的老牛病了，它安排牛郎在它死后，将它的牛皮剥下放好，有朝一日，披上它，就可飞上天去。织女便让牛郎剥下牛皮，好好埋葬了老牛。正在这时，天空狂风大作，天兵天将从天而降，不容分说，押解着织女便飞上了天空。正飞着，织女听到了牛郎的声音："织女，等等我!"织女回头一看，只见牛郎用一对箩筐挑着两个儿女，披着牛皮赶来了。慢慢地，他们之间的距离越来越近了，可就在这时，王母驾着祥云赶来了，她拔下头上的金簪，往他们中间一划，霎时间，一条天河波涛滚滚地横在了织女和牛郎之间，无法横越了。

织女望着天河对岸的牛郎和儿女们，直哭得声嘶力竭，牛郎和孩子们也哭得死去活来。牛郎织女的真挚爱情感动了王母，便同意让牛郎和孩子们留在天上，每年七月七日，让他们相会一次。牛郎织女相会的七月七日，成群的喜鹊飞来为他们搭桥。鹊桥之上，牛郎织女团聚了! 说也奇怪，以前在七月七那一天，人们很难见到喜鹊，并且第二天见到的喜鹊头上都少一撮毛，据说是被牛郎织女踩掉了。七月七大都是阴雨天，传说是牛郎织女和孩子们流的深爱之泪。

那时的旧县人，每逢七夕节，都会到柳树林里和棉花地里观看牛郎织女在鹊桥上相会。人们都爱观看鹊桥会的戏剧，听牛郎织女的故事。女孩们在这一天晚上向织女乞求智慧和巧艺，也少不了向她求赐美满姻缘，所以七月七被称为乞巧节，也是古人的情人节。

第九节　中元节

农历七月十五中元节，也叫鬼节，是祭祀的日子。那天不但祭奠自家先辈，还要祭祀无家的孤魂野鬼。以前的风俗认为这是发仁心，行万善，积阴德。另外还有一种含义，祈祷这些野鬼不找家人的麻烦。

七月十五，旧县人在沙河里散河灯，在河边给野鬼烧纸，和尚念佛，道人诵经，音乐飘扬，人山人海，热闹非凡。鬼节有忌讳：一是不能在家中和祖坟烧纸，烧纸必须在十字路口、河边及荒郊野外。二是这天不许开工建新房或上梁，更不能搬新家。三是生意人不许在那日开张（门）。四是这天不出远门，不走夜路，不到河或坑里洗澡，尤其是小孩。

第十节　中秋节

农历八月十五中秋节，也叫仲秋节、团圆节等。中秋节起源于古代帝王祭月的礼制。皇帝以天为父，以地为母，以日为兄，以月为姊，天子祭天地示之孝，祭日月以示范教民，后推广至民间。另外，从天文学的角度来说，中秋节是太阳经过秋分点时与之最接近的一个满月日。此时秋高气爽，圆月皎洁。民间把秋分那一天改为八月十五祭月是科学的。

旧县的月饼是用头遍小麦面、小磨清香油（芝麻油）和面制皮，馅是用核桃仁、冰糖、青红丝、花生仁等合制而成。制成的月饼坯子，放在月饼模子里，用带轴的木圆棒先捶打，后擀平，然后磕出放在平底锅里，上面盖上用铁制成的"锅盖"，用麦秸细火炕到一定时候掀锅。这样出炉的月饼花纹凸显，金黄鲜艳、香酥蜜甜。旧县的月饼以东街李文波商号"景盛祥"和西街李福初商号"大兴恒"等制作的最有名气。

旧县也有中秋节摸秋的民俗。摸秋就是在中秋节的那一天，到别人地里拔豆子、摘瓜、扒红薯等。这天不算是偷，被主人家看到了，只不过是叫你少摘点，不会吵骂的。除此之外，小孩还会扒红薯烧老窖。烧老窖是在地头挖个长方形的小坑，上面蓬上扒来的红薯，用树枝或豆叶烧熟，几个小孩轮着用手掰着，小手烫得发抖，用嘴直吹手，脸抹得黑乎乎，你争我夺，嬉笑追逐，说不出的惬意和快乐。

中秋节人们会在旧县沙河上赏月。船上的渔民、一些文人雅士、富有的商人和亲朋好友登船游河，欢聚一堂，吃月饼，喝烧酒，猜拳行令，谈笑风生。船在河中顺水漂游，皎月高照，秋风凉爽，水光粼粼。大家一起吟诗、吹笛、弹琴；一起喝酒、行酒令，优美的乐声使人心荡神怡，如痴如醉。

第十一节　重阳节

据传说九月九重阳节起源于汉朝之前，迄今已有1700多年历史，是个古老的节日。《易经》把一、三、五、七、九单数定为阳，二、四、六、八双数定为阴，两九相重就是重阳节。九九与久久谐音，人们盼望天长地久，所以这天也叫敬老节，有健康长寿之意。重阳节是观赏菊花的好时机，品菊花茶，喝菊花酒，另外斗蟋蟀、斗鹌鹑、斗鸡也是百姓的乐趣。重阳节也是个下雨的日子，当地农民认为"重阳无雨一冬干"。

第十二节　下元节

下元节也叫寒衣节，它和清明、七月十五中元节并称为中国的三大鬼节。旧县人称十月十五为"十来阴（日）"，是烧纸祭祖的日子。不过旧县"十来阴"烧纸靠后，十月十五以后直到十月三十也不晚。一般由家长领着家人到自己祖坟烧纸祭拜。

第六章

庙会风俗

第一节　赶庙会

庙会是由古老的祭祀演变而成的。历史悠久，源远流长，据记载，公元前2070年舜死后，禹建立夏，禹死后，他的儿子启登上王位，至此公天下变为家天下。这一变革，当然要遭到一些人的反对。夏启是个有心计的人，他不但不打击反对他的人，反而做一些人民喜欢的事，如，他严格要求自己，每顿饭只吃一些普通饭食，睡觉只铺一床粗糙的褥子，除了忌神祭祖外，他不允许演奏音乐。就这样，启赢得了、征服了人心，稳住了王位，当上了禹的继承人。夏朝的最后一位君主叫桀，是个暴君，大约公元前1600年，汤的军队占领了夏朝的首都斟郡（今洛阳），夏王朝摇摇欲坠，商汤的兴盛与任用德才兼备的贤人伊尹为宰相分不开。伊尹是个贤才，他赤心扶汤，使汤兴盛起来，后终于灭了夏朝，建立了商王朝。汤死后，伊尹相继辅助了汤的二子、三子为王。但他们执政不久就相继死亡。伊尹立汤的长孙太甲为王。太甲从小生长在帝王之家，过着无忧无虑的美满生活，即位后，不问政务和国事，终日寻欢作乐。伊尹对太子甲十分担心，也用力最勤。太子刚一即位时，伊尹就在祭祀的典礼上，做长篇训话，题为"伊训"，后来伊尹为保汤王朝永不消失，还作了《肆命》《徂后》。伊尹辅商汤太甲等五位商皇帝，是个名副其实的五朝元老。伊尹活到一百多岁，死后，沃丁以天子之礼隆重安葬他，并为伊尹戴孝三年。伊尹的名字见于甲骨文记载，他历享后代商王的祭祀。

近代人们在殷地的旧址上，发掘出五六十座宏大的殷宗庙基地。还有上千座祭祀坑、王室作坊，分布于宗庙区周围，呈卫星状分布在家族基地，以及其他邑落，这就是商朝国都的遗址，后被考古学家命名为"殷墟"。从以上的史实中，不难看出宗庙祭祀的历史之悠久。那时的宗庙祭祀只限于君王贵族。随着社会的发展，到了周朝，相传姜子牙斩将封神，打破了祭祖的常规，扩大了祭祖的范围。佛教传入中国，佛教的神灵也进入了中国的寺庙，如观音、如来等。中国道教敬老子、儒教敬孔子、佛教敬如来，民间又增敬忠义良将，如关羽、岳飞、包拯等。更有甚者，有些古老的建筑物和古树等也在祭祀的范围内，旧县的老白果树就是一例。由于社会的进步和人民生活及生产的需要，原祭祖、神的寺庙也发展扩大到集物资交流、文艺展现、饮食比美的集中地，这就形成了庙会。庙会形式很多，如谷雨会、小满会、东岳庙会、关帝庙会等。旧县有正月二十二的东岳庙会、三月三沙河南岸王湾奶奶庙会（那时王湾属于旧县辖区）、三月二十八关帝庙会、十月二十二东岳庙会，后因东岳庙、关帝庙的消失，改为在白果树下逢会，就统称白果树会。

正月二十二日庙会，是春节后第一个庙会。这时是人们最闲的时候，方圆几十里的群众和商家都到旧县来赶会。从早上到下午，人山人海。来赶会的人成群结队，有坐轿的、骑马的，有坐小土车的、骑驴的，还有空着两手步行的，你三人我两人，手拉手的一阵人，有说的，有笑的，有跑的，有跳的，有骂的（东西被偷），汇集在白果树周围，热闹非凡。来赶会的人，首先是烧香祭神，求神仙保居家平安，风调雨顺，粮食丰收，无灾无难，这是大多数老百姓的心愿。老者求神保佑家丁兴旺，财源茂盛；男女青年求早点找到一个好妻子、好郎君；官司缠身的人，求早日"出灾"，过平安生活。栓儿的、还愿的频频出现。在那科学不发达的年月，人们认为神灵主宰一切。那时从早上到下午，烧香的成群结队，磕头的一跪几行，香火浓烟滚滚，鞭炮响声震耳。和尚敲钟，信徒许愿。

正月二十二的庙会，大都出灯，除玩狮子、跑马灯以外，还有踩高跷、玩肘阁。据老人讲，旧县的踩高跷在清朝时期就有了。踩高跷看起来很轻松，实际上是一种艺术性很强的民间艺术。旧县的高跷脚有一米多高，高跷的底端，直径约二公分，用坚实的木材制作而成。踩高跷的大都是青壮年，男女都有，他们穿上戏衣、画上脸谱，以白蛇传、八仙过海等人物的造型为主。踩高跷走起来要踩着鼓点（前面有锣鼓队），有节奏地扭跳，扳单叉、双叉是踩高跷的高难度动作，没有两三年的工夫是很难完成的。旧县那时的街道是用青石铺的，石面光滑，石条与石条之间的缝隙有二三指宽，在这样的街面上踩高跷难度可想而知。东街的姚治荣、马金志等人的技巧是出了名的。

旧县玩肘阁的，也是和踩高跷的一样，以东关、北关人为主。玩肘阁要由两个人组成一组，下边驮人的角色是膀大腰圆、身强力壮、脚腿强健、步伐稳健的年轻人，上面的是七八岁的男女小孩，身体瘦小玲珑，胆大机灵。扮演孙悟空的肘阁的肘阁架子还要多一个"活动轴"，插在小孙猴子的腰里，表演孙猴子翻筋斗全靠它。那时候陈子匡和马朝瑞表演的猴戏最为出色，有次玩肘阁，走到"瑞昌和"盐行时，掌柜的李正玺赏给孙猴子一块袁大头银元。可见，肘阁是人们喜闻乐见的一项民间艺术。旧县会玩肘阁与踩高跷的人现已寥寥无几啦。

第二节　听唱对台戏

赶庙会听戏是群众的最大乐趣。每到逢会，财主还愿写戏，就是"请戏"。商家多请戏，尤以牲口行每到逢会必请戏，因此，每到逢会，多了有四五台，这样就形成唱对台戏、比高低的习俗。旧县最流行的是淮北梆子和曲剧。听戏的人来自四面八方，如周围的刘寨、孙寨、杨寨、孔寨及大村庄的财主们，套上马车、太平车前来听戏，拉车的有膘满肉肥的大老尖（指阉割以后的牤牛），有前二后三（一套车五个马拉，跑梢子的两匹马在前边，后边三匹马）的马车。太平车也是如此。这时，也是车把式大显身手的时候，往往长炸响鞭以引人注意。这些人此时都穿上最好的新衣，男的穿着长袍马褂、皮袄，戴着皮帽子，脚穿皮靴子，女的穿金戴银，身着丝绸大花袄，腰系罗裙，脚穿绣花鞋。这些财主来赶会，一是烧香许愿，二是听戏看热闹，还有一条就是在会上显示自己的实力，本地叫"显富贵"。那时候的人们最爱听戏，戏迷特别多，听对台戏特别有意思。这台戏如果有个名角，一亮腔，人们就会一窝蜂地跑来，拍手叫好；那边一台戏，出来一个好黑头（黑脸、演老包的等）；一唱腔，人群忽又到这边来；这台戏出了一个好旦角（演女戏的），年轻人蜂拥而来，拍手喝彩。剧团没有实力的，或者戏箱（衣）又差的，没人听，自己收场，人称"对败啦"。对戏也能看出请戏人的经济实力，有钱人家请的戏，大都占上风。

第三节　对唢呐

逢会、栓儿还愿是最常见的事，并且还很多，只要栓儿还愿，大都请响（唢呐班子）。一个古会，多者十多个班子，烧过香、许过愿，就拉开桌子吹起来。有实力的会头（东家）和有实力的唢呐班子最爱对吹，因为吹胜了，会名声大振，声誉高。吹大笛的是关键人物，其次是捧笙的与打鼓的配合要默契。旧县那时候的唢呐班子最有名气的数宋曹的班子，班主宋锡明，只会打鼓，真正挑大梁的数曹仲师傅，曹的儿子和亲戚是班内的主要成员，所以配合很好。曹仲吹的唢呐分大中小三种，最小的叫哨子，用一种苇子做成的，哨子不但能用嘴吹，还能用鼻子吹，不但能吹喜怒哀乐的唢呐曲牌，还能吹各种戏曲。他吹的豫剧和曲剧的黑头戏有《老包下陈州》《刘墉下南京》《对花枪》《李豁子离婚》等。黑脸戏闷声沉稳，红脸戏清脆悠扬，旦角戏娇声圆润，丑角戏惹人捧腹，真是吹得活灵活现，寻味无穷。吹到上劲时，曹仲站在桌子上，累得汗流浃背，听众叫好，拍手喝彩。

第四节　看跑马上刀山

杂技表演也是庙会的一大看点。那时候杂技叫"玩大把戏"（也有小把戏），就是跑马上刀山。玩大把戏是在一片空地上，用布帐围个大圈，观者买票进场。开场时，敲锣打鼓，先表演武术、翻筋斗、耍车轱辘，接着打打拳、舞枪弄棒，丑角玩玩小杂技，然后有两至三名男女青年，骑上大马圆圈奔跑。表演者在奔跑的马背上做金鸡独立、镫里藏身、飞马拾物等危险动作，得到全场人叫好。最后的节目是上刀山，就是在场子中间树立一个大高杆，约六七丈高，顶上扎有圆圈，圆圈里面有椅子和一个小横杆，一头挂有倒三角的横木板，另一头系着两根缏绳，供表演者上顶，上面还插有五颜六色的小彩旗，离很远都能看到。上刀山的表演者都称"菜包子"（菜包子不菜，他们是班子里的台柱子），一般一至两人，两手抓住缏绳，腿上裹着绑腿爬到顶上，在椅子上搞个倒立，再过刀圈，然后在三角木板上来个倒挂金钟。这是特别危险的动作，用脚面挂在三角的木板上，而且在那一瞬间，头猛地朝下，尤其使人心惊胆战，有高血压、心脏病的真不能看。最后"菜包子"上到高杆的顶端，用肚子顶着，来个

"老鳖大晒盖"，便全场结束。

第五节　曲艺小品

旧县逢会，除了以上大型节目，还有唱琴书、唱大鼓书、说评书以及小铙子戏、坠子翁、道情戏也深受群众喜爱。还有一种小孩子最爱看的肘猴戏。肘猴戏是一个人表演，表演者挑的挑子一头是戏台，一头是木箱子，箱子里面是演员（木偶）。表演的时候，把戏台用扁担一撑，戏台下是个蓝布筒子，玩肘猴戏的人和箱子都在里面。表演者还敲锣打鼓，手指头肘着不同形象的人和物，嘴里有个小哨子，能发出不同的声音。小孩子最爱看的是《猪八戒背媳妇》，孙猴子变高小姐，孙猴子打猪八戒，哨子吹出打秃头，使人们看到猪八戒的愚蠢、孙悟空的机灵。表演者吹得滑稽，小朋友捧腹大笑。那时还有句歇后语：玩肘猴的千军万马，到了饭店，那就是人多不吃啥（饭）。简称：玩肘猴子的下饭店——人多不吃啥！

看洋片也是当时时髦的娱乐，20世纪三四十年代，有一种新的娱乐叫洋片，赶会看洋片，也是挺有意思的。洋片机是用木料做的一个大木盒子，高约2米，长3米，宽60公分，外面画有图案，正面有六个观看孔，孔里装有放大镜，观看者坐在前面的板凳上，用眼睛向里看。玩洋片机的人，在机子的一头，一手敲着铙，一手换着片子，一个人看一样，内容不同。玩洋片的人嘴里还念念有词，大概有十分钟的时间，每人两角钱，看的人真不少，有时还要排队。会上还有算命的、打卦的、卖大力丸的、拔牙的、套圈的、玩小把戏（玩魔术）的等，五花八门。

第六节　特色玩具

　　赶会人一般都不空着手回去，多多少少买点东西回家。正月二十二的古会，男的大都买些生产和生活用品，女的除买点穿戴、食品外，也都会给小孩买些拨浪鼓、木刀、木轮、泥捏的"小叫吹"等玩具，所以庙会上小孩的玩具卖得最火红。

　　"庙会上经常传来'嘀呜、嘀呜'的哨音，不知谁喊了声，卖'小叫吹'（在当时我的家乡，能吹出响声的泥制小玩具就叫'小叫吹'）的来啦！小伙伴们就围了过去，见一个弯腰老头，挎着一个竹篮，正捧着一个鸟样的玩具吹，手指还不停地有节奏地晃动着。见我们围了上来，老头停止吹奏，放下竹篮，让我们看里面五颜六色的小玩具，有小鸡、小鸭形的，有小狗、小猪形的……看我们眼馋，老头便拿几个让我们试吹，还趁机煽动说，叫大人来，给你们买！小伙伴纷纷拉来爸妈。于是老头开始推介，先夸孩子，说这孩子好，那孩子乖，等大人高兴时，便说不能委屈了小孩子，要啥就给买啥，大人受到鼓动，便与老头讨价还价，最后以三五分钱的价格，让自己的孩儿从篮里挑一两件如意的'小叫吹'。有的爸妈本不舍得花钱，但见别的孩子有玩具了，也狠狠心，遂了孩子的心愿。小伙伴都有'小叫吹'了，于是，同吹、对吹、轮流吹，有时还比赛吹，看谁吹得响，看谁一口气吹得时间长……孩子们快乐，大人也跟着高兴。"（汪茂明供稿）

第七节　牲口行

　　旧县的正月二十二会，也是牲口行新年开业的一天，那时旧县大大小小的牲口行有十几家，牛驴行最多，骡马行较少，所以本地人都管牲口行叫牛行，管交易员叫牛经纪。牛经纪首先要懂牲口的年龄，如：有一对牙是小牛，有四颗牙处于青春期，有六颗牙已经入壮年，老"边役口"就是老牛。老马、骡、驴叫老"捎径口"。牛经纪手持短鞭，成交前打上一鞭，牵着牲口走一圈，让买方看看。买牲口的先掰开嘴看看牙，知道牲口的年龄，再看看毛叶子（身上的毛）是否光滑，可有癣等，然后让牲口再走几步，看四条腿是否匀称、强健、走路有力。膘满肉肥、虎头虎脑、前腿短、后腿长，这种牛人称"抓地虎"，有劲、拉死套，不惜力，属上等。牛经纪常说，买牛要买抓地虎，有劲不惜力，买骡马首先要选框架长的，四条腿趁（均匀强壮），性情不"拐"（暴躁）。牲口行里有这样一句话：乌嘴骡子卖个驴价钱，吃的嘴上亏。后来此语指乱说话的人吃亏，就是从这里说起的。

　　在牲口行里，不明论价，全是用手语，叫打哑语。牛经纪握着卖方的手，用右手指头计数，一个手指为一；两个为二；到六就用大拇指和食指捏在一起，叫捏子六；中指和食指摽在一起就叫摽子七；大拇指和食指伸开，中指、无名指、小指握在手心，就是叉子八；食指一勾就是勾子九；两指横短一合为十。牛经纪跟卖方沟通过，再找买方用同样的方法定价，牛经纪有时两头哄，说什么买家满打（净出这个价），卖家净落（净得这么多）。

就这样分头拉扯着到桌子（账桌）上记账。买卖牲口现款交易的少，十有八九先交定金，余款定出日期，牲口没什么毛病就付清尾款（一个月、两个月不等）。牛经纪好两头瞒，挖东墙补西墙（行话叫乱顶狮子灯）。牛经纪的账一次要清的不多，着急了，就请你喝两盅（喝酒），酒桌上发誓赌咒是常事。人常说：牛经纪赌咒不算数。牲口行里有专业倒牲口的，叫"牵绳头"，就是这集买了到外集卖，做这行生意的，大都和牛经纪合伙，这样才能赚到钱。牛经纪每到逢会都要喝得大醉，这已形成常规。

第八节　古会上的吃喝

每逢古会，十里八里卖吃喝的小生意人，都提前到会上，画地支锅搭棚，卖麻糊、胡辣汤、大馍等。另外还有稀饭、面条、烧饼、锅盔、馓子、麻花、油条、荤包、素包、水煎包、煎粉、凉粉、豆腐脑、咸牛肉、淡驴肉、蒸肉、卤肉、熟羊肉。有挑的、有挎的，有坐着桌子吃喝的。卖家高喊："大会人多，要早吃早喝。"有的妇女领着小孩，买一根甜秫秸（甘蔗），上面挑着"花拉团子"（用糯米制作的团子）。上午一过，商人进入吃喝，牛经纪请客，亲朋聚会，饭店菜馆里猜拳行令，热闹非凡，醉汉倒街卧巷的大有人在。那时的逢会真是：人山人海欢腾腾，生意兴隆难形容。

第七章

传说故事

朱小店的金钟

传说在辖口（旧县）河南岸，有个朱小店，朱小店北向河中间伸出一个三角洲，这个三角洲里藏有一金钟，每逢夏秋季沙河涨水时，水从上游直冲三角洲，使沙河主流锋直拐东北方向直下，造成泰和城的南关塌陷。此三角洲不但改变了沙河水的流向，还使流水发出响亮的声音。

这种声音北到高庙与双浮，东到孙寨，西北到刘大桥，都能听到，直到20世纪前期仍然存在。后来，据说有一天上午，有一船行到三角洲处，撑船人在船头上发现水中有一金钟，摇摇晃晃，船公用鱼舀子捞之，无物，多次如此。后他上岸吃茶，在茶馆谈起此事，他以奇闻而叙之。说者无意，听者有心，此话被一寻宝人听到，寻宝人上前搭讪问："不知船老大船行往何方？"船公回答："上界沟（今界首）。"寻宝人说："我也去界沟，能搭船吗？"两人议定价，寻宝人乘船到界首。寻宝人问船老大："你卸货后返回吗？"船老大说回颍州。寻宝人就乘此船返回。船经朱小店三角洲时，寻宝人发现水中一金钟，观久深思，认为这有可能是水照的影子，抬头向上，发现三角洲上半腰真有一金钟，似露非露于土中。寻宝人找一借口，从旧县下了船，住于旧县，待天黑人净时，打着灯笼，装作照寻鳖蛋，把金钟挖走。从此，三角洲逐渐缩小，水流的巨响从此消失了。同时相传，三角洲下的深水窝里有簸箕大的头昂眼瞪的千年老鳖精，也随金钟被盗而走了。

花玉皇庙宝灯

旧县龙王庙东南角的沙河岸上有一个小花玉皇庙，大约在现在粮站南涵洞的南边。传说每到夜里，都有一红灯摇摇晃晃地从小庙内出来，在沙河岸边游动。那时旧县是个商业码头，东来西往的船只很多，大家都认为是神仙显灵，给船民指路，因为那里是个急拐弯。有一船民在茶馆叙话被人听到，此人守夜观察多日后发现，庙内有一名人古画（画得逼真，灵气十足，由于庙内门常开，容易被发现）。他就拿一宣纸，在红灯又摇晃外出时，进到庙内，把预先准备好的纸贴于画处，到近天亮，红灯返回后，把纸揭走了。从此红灯不出现了，小庙也坍塌了。在当时这是一个神话，按现在来说，这是一幅名画，被人把原画揭走了。

千年乌桕树

在旧县原朱圩和朱沃两村的中间，沙河东岸的河崖头上，生长有一棵上千年的乌桕树，可能与古白果树的树龄差不多。每日早上太阳初升时，有上千只小鸟从此树飞出，到了下午，也是民间鸡上宿的时候，近千只鸟都飞回宿于此树。后被一寻宝人发现，借口在此"搬彪"（修船），租赁此地，并购买几十捆秫秸放在此树旁，把树围得严丝合缝。此人在此修船，一住就是三个多月，到秋后，船已修好下河，船老大向东家付清租金，并告诉东家，我买的秫秸不要了，放在那里，你们什么时候要用着烧，可自取。船走后数月，到了冬天，人们发现小鸟越来越少。他们想用此秫秸烧锅，当搬走一大半秫秸时，才发现秫秸上蓬着的是一棵树头，树身已被盗走，在留下的树根上发现花纹全是乌形。据说这是一棵很稀有的并且也是很古老的乌桕树，极其珍贵。

东岳庙的故事

明朝末年万历四十八年（1620），明神宗驾崩，太子朱常洛登基，即明光宗皇帝。但光宗登基不到一个月就病死了，皇太孙朱由校登基，年号天启，就是明熹宗。他即位后，宠信魏忠贤和他的乳母客氏。

魏忠贤出身贫寒，早年是远近闻名的市井无赖，娶妻马氏，生一女。一日，魏忠贤因欠赌债被痛打，几乎丧命，无路可逃，抛下妻女，自行阉割，改名魏忠贤，到宫中做了太监。

熹宗的乳母客氏，河北定兴人，丈夫侯二。因宫中为即将出生的朱由校寻找奶妈，客氏被选入宫。朱由校亲生母亲是朱常洛的王选侍（即没有封号的宫嫔），王选侍后被朱常洛宠妾李选侍凌辱致死，因此朱由校从小孤苦无依，缺少父母之爱，每天只能依偎客氏怀中。客氏把朱由校当成心肝宝贝，疼爱有加，两人感情十分深厚。所以朱由校一登基，就报答客氏，封其为"奉圣夫人"，横行宫里。

朱由校年幼贪玩，不爱读书，登基后不太理政，好做木匠活。魏忠贤虽是市井无赖出身，但到了宫里，就变得勤快、听话，又善逢迎拍马，加之一身好武功，很快得到朱由校的宠爱。魏忠贤趁机勾结上了客氏，两人狼狈为奸，独揽大权，形成了新的政治集团，被称为"阉党"。朝中以刚直敢谏言著名的左副都使杨涟为代表的另一政治集团，称为"东林党"。杨涟上书参劾魏忠贤，列出二十四条大罪，并请求驱逐客氏出宫，皇帝不决，而魏忠贤巧设毒计使皇帝下旨严责杨涟。不久杨涟和东林党重要成员左光斗一起被罢官。天启五年（1625），阉党爪牙许显纯捏造口供，将杨涟、左光斗、周朝瑞、袁化中等人关进锦衣卫大牢，后将其杀害。天启六年（1626），魏忠贤捏造七君子事件，把东林党人周启元等七人迫害致死，魏忠贤借此之机把不肯服从"阉党"的官员编列黑名单，一一迫害。其中有一位三品大员，是个武官，为人耿直，因对阉党的所作所为极为不满，对朱熹宗宠爱和听从魏忠贤等人的谗言十分愤怒，也被列入黑名单之内。此人知晓后，认识到当前的形势下，东林党想取胜已是不可能的。他决定暂时躲避一下，便把家产变卖，把妻子老小安置到乡下，自带大部分金银外逃，望待时机铲除阉党。他从京城一路南下，一日来到旧县集东，天色将晚，又加北风劲吹，大雪飘飘，寒气入骨，身躯发抖。正在危愁之时，抬头望见前面不远处有一小庙，亮着微弱的灯光，他就大步奔跑，来到庙前拍门喊人。不一会出来一小和尚问其何为。武官讲："因天色已晚，加之正下大雪，找不到客店，望借此歇息一夜，明天就走。"小和尚带武官来到禅房见过住持，说明来意。住持是一位白发苍苍、满面红光、双目炯炯、银须飘飘的老和尚。两人寒暄过，老和尚吩咐小和尚烧水做饭。两人对面详谈，越谈越投机，谈到当今形势，共识明朝要败也。老和尚乘机奉劝武官："我观你身强体壮，满面红光，绝非等闲之人。我认为当今皇上昏庸无能，加之阉党执政，奸贼当道，东林一时难以取胜，我劝你暂时居住庙内，以待时机。"武官想也是，我没有目的地，不如就依老和尚之言暂且住下。平日两人常叙，十分投机，一日老和尚对武官讲："我年岁已高，身体虚弱，说不定就要'西去'了，我想要你出家，在此庙内接替我当住持。此庙是东岳庙，敬奉的是东岳王黄飞虎。黄将军是个大忠臣，姜子牙封他为五岳之首，总管天地人间吉凶祸福。"老和尚又说，"恶有恶报，善有善报，不是不报，时候未到，时候一到，必定要报。阳间不报，阴间也要报。你就在此出家，衷心供奉东岳王和诸神灵，让神仙显灵来严惩这些人间败类、无恶不作的害人精。"武官听后，就长叹一声，同意出家。老和尚给大汉起法名"鉴明"，不久老和尚去世，"鉴明"法师当上了东岳庙住持。

明天启七年（1627），熹宗病逝，年仅23岁，崇祯继位，魏忠贤失宠。魏忠贤见大势已去，自知作恶多端，为天下人所憎恨，难以自保，便自缢而死。客氏也被乱棍打死。

明崇祯十七年（1644），李自成率军进京，崇祯吊死在煤山（今景山），明王朝就此灭亡。

鉴明法师见大明灭亡，就专心在庙里敬奉神灵。他把他所带的钱财，都用来扩建东岳庙，铸东岳铜像，建大雄宝殿（东岳王铜像是个坐像，有6—7尺高，用生铜制造而成，内有一个金心，不知何时失踪，铜像后被毁）。从此东岳庙名声大震，香火旺盛，每到正月二十二、三月二十八逢庙会，上至高官达贵，下至平民百姓，都扶老携幼来赶会，人数众多。大家进到庙里烧香放炮，磕头许愿，施舍挂帐求愿太平。东岳庙最兴旺时，有僧侣近百人，方圆百里有盛名。①

疯狗

从前，由于黄水泛滥，大批农民背井离乡，到外地逃荒要饭。单说有一少妇，由于公婆和丈夫被水淹死，她和十几岁的儿子被黄水冲到一高处，停困数日，总算保住性命。后来娘俩外出要饭，一日来到界首。那时的界首真可谓是高官达贵、富豪劣绅的天堂，也是劳苦大众的避难所。娘俩沿街乞讨，勉强维持生活。好景不长，少妇被一小富豪看中，强行纳妾，并不许她儿子随嫁。在人生地不熟的外乡，又是一个弱女子，少妇只得认命，这样就苦了儿子。儿子名叫兴旺，十三四岁，被逼无奈，自己单

---

① 注：根据作者妻叔陈子宾口述，陈在东岳庙出家，中华人民共和国成立后还俗。

独上街要饭。可儿哪有不想娘的，兴旺不时到母亲那里去，有时娘也给儿拿些馒头和剩饭。有一次被财主的大老婆发现，本来大老婆对自己的丈夫纳妾就心怀不满，有怨说不出，现抓住此事，硬说少妇是家贼，与丈夫大动干戈，最后经人劝解，定下规矩，少妇再也不能给兴旺一口饭吃，娘俩见面也需经大老婆同意，否则家法伺候。从此，兴旺失去母爱。不过，十几岁的兴旺也是个有骨气的人，他与母亲说："我不在界首，到外地去，如果我混出点名堂，我定来接你回家，让你享清福。"母亲无奈，从后院抱来一只小狗对兴旺说："你是个命苦的孩子，爹已去世，娘没本事，你把这个小狗抱回去也好做个伴，等它长大了也能保护你，孩子记住，要是今后混好了可别忘了娘。"兴旺抱着小狗，给它取名"小兴旺"，与母亲洒泪相别。

兴旺离开了界首一路东行，来到一集镇落脚，白天带着小狗去要饭，晚上睡在一个破庙里。一晃两三年过去了，有一天夜里，兴旺在破庙里睡觉时，忽然听见远方传来呐喊声："抓贼啊！"兴旺正想出门看看什么情况，忽然传来一阵急促的脚步声，兴旺立即拍拍"小兴旺"的脑瓜子，用手握住"小兴旺"的嘴巴，不让它发出声来，躲到了阴影处。只见一个彪形大汉背着一大包东西放于神像背后，随即翻墙而逃。不一会，一群人手持棍棒来到庙里，看到兴旺，便问有没有发现形迹可疑的人。兴旺用手一指说，有个人翻墙向南边跑了。众人一听便追。兴旺见人走了干净，便来到佛像后拿出包袱。一翻看，发现是一包金银珠宝，他目瞪口呆。片刻后回过神来便想，我何不背走？于是背起包袱，带着"小兴旺"立即上路，一路小跑到了一个偏僻的小村庄，在庄外一个破窑里落脚住下。第二天，兴旺藏好包袱，独自跑到集上打探消息，就听街上的人说：昨晚有一江洋大盗，盗了一大户人家的金银珠宝，被公差捉拿打死在河边，财物都被大盗抛到河中，现在还在打捞。

年余之后，兴旺已经听不到有关这件事的消息，就取了一点金子，到很远的外地换了些钱，在这座城市买房安家，他和他的小伙伴终于有了真正属于自己的家。要饭时，兴旺端着破碗拿着要饭棍沿街而行，因为主人不景气，"小兴旺"终日跟在主人身后也是夹着尾巴、没精打采的，每逢被大户人家的狗追咬就赶紧逃跑。大小兴旺朝夕相处、相依为命，是多么友好，他们之间是有亲情的。在那困难的岁月里，每到冬天，他们互相搂着睡觉取暖。现在兴旺发财了，又十分想念自己的母亲，就下定决心要谋得一官半职，一定要超过自己的继父。于是他用了万元左右买了一个保长的位子，雇了两个家丁和一个管家。话说这个管家可不是什么好人，而是个市井无赖，终日游手好闲，吃喝嫖赌，惹是生非，在街上是有名的头顶生疮脚底流脓从头坏到底的人，是被人称作笑面虎的白脸狼。话说白脸狼被兴旺聘去做管家，见兴旺年轻不识字又没有社会经验，他挖空心思想方设法取得了兴旺的信任。他给兴旺找了两个有姿色的女仆，从此兴旺开始了花天酒地的生活，保长的工作也交给了白脸狼处理，唯独叮嘱白脸狼要照顾好"小兴旺"。白脸狼每日给"小兴旺"白面馍大肥肉吃，并教唆它守在门口，见了穷人耍威风，见了富人摇头摆尾。

白脸狼平日趾高气扬，敲诈勒索，陷害善良，并在保长的工作中中饱私囊，不到一年的光景，兴旺名声大坏，后传到县府。县长微服私访，穿着一件破棉袄来到保长家门前，正在张望，忽听"汪汪"声，只见一条大黄狗扑了过来。县长躲闪不及，被"小兴旺"咬伤了大腿，直疼得哇哇大叫，痛骂保长。从院内走出的白脸狼见到"小兴旺"咬了个穷汉子，上前皮笑肉不笑地讽刺道："你这个穷汉子，哪里要饭不好，非要跑到这里来，这是保长府，狗咬你也不亏。"县长听罢顿时火冒三丈，大喊道："瞎了你的狗眼，怎么看出我是个要饭的，实话告诉你，我是本县县长……"话没说完，白脸狼哈哈大笑说："看你个熊样，你能当县长老爷，我就是省长了，屎壳郎带纱帽，你还冒充当官的。"说完就唤着"小兴旺"进了院子。县长身边没有衙役在，哪来的官威，那真是关老爷进了地府，小鬼也欺生。正在危急之中，班头赶到，见县长如此狼狈，问其缘由。县长说："一时半会说不清楚，你赶快派人把本地镇长给我找过来，另外召集三班衙役，我要现场办案！"

不一会，镇长带着两个镇政府的人来到了保长家门前，见县长如此狼狈，真是吓得浑身战栗，连忙上前问明原因。之后镇长大喊："兴旺你快给我滚出来！"白脸狼一听有人敢如此放肆地大叫，不敢怠慢，急忙从屋内出来。常言说得好，不怕官，就怕管。白脸狼见顶头上司来了，连忙弯腰上前，还没说话，镇长就抢白道："这回你可闯了大祸，不但纵狗咬伤县长，还说了那些混账的话，还不赶快把兴旺找来。"白脸狼一听那县长原来是真的，顿时吓得魂不附体，两腿发软，迈不开脚。正在这时，白脸狼一扭头看到了"小兴旺"正摇头晃脑地走来要肉吃，他想，何不把责任推到这条狗身上呢？就唤来家丁，把门关上，准备打死

"小兴旺"给县长报仇。家丁不敢怠慢，可怜的"小兴旺"没有防备，腿上就挨了一棍，直疼得满地打滚哀嚎着。然而家丁可不知道什么是怜悯，棍子接二连三地打来，"小兴旺"这时反应过来了，夹着尾巴撒腿就向后院狂奔，直来到兴旺面前想让主人救它。这时管家白脸狼追到兴旺保长面前，简单地把事情诉说，把责任全推到了"小兴旺"身上。兴旺听完，喃喃自语道："小兴旺，事到如今，也只得对不住你了，你闯的祸太大了，就是我亲爹也没法掩盖下去了。"说着对家丁使个眼色，暗示赶紧打死它。"小兴旺"一见如此情景，老主人也要对自己下手了，连忙择路而逃。那时候大户人家院内都有狗道，白脸狼不仅指挥下人把门都关紧了，还亲自跑到狗道去堵"小兴旺"。

"小兴旺"跑到狗道前，见到得意扬扬的白脸狼，最后的逃跑路线也被堵死了。人常道：打狗别堵狗道。"小兴旺"彻底绝望了，它发疯了一样扑向白脸狼，一爪抓挖脸，一爪抓挖胸口，咬掉了白脸狼的鼻子。"小兴旺"转身又向老主人跑去，本来以为老主人能救自己一命，谁知兴旺见"小兴旺"向自己跑来，吓得连忙逃跑，还大喊着："疯了疯了，来人啊，快把这条疯狗打死！""小兴旺"彻底绝望了，上前一个恶狗扑食，把兴旺保长扑翻在地，爪扒胸口，一口咬掉了兴旺的一只耳朵。兴旺想翻墙而逃，无奈墙高坚固翻不过去，被"小兴旺"咬得浑身是血，奄奄一息。"小兴旺"转身又向正在哀嚎的白脸狼扑去。兴旺保长弥留之际忍不住喃喃道："娘，孩儿无法给你尽孝了，孩儿错了，天道不可欺，善有善报，恶有恶报。"

古人曰："弗用无义之钱，弗为无益之事，弗学无益之业，弗成无益之人。"思发横财者，大都无良好结果。

旧县三官庙

我从小因体弱多病，父亲常叫母亲带我到三官庙烧香许愿，每逢过年就挎着果子等物给老道长拜年。老道在我的记忆中是个五六十岁的老人，个子高大，留着长胡须，头戴道帽、身穿道袍，眉清目秀，可尊可敬。据说老道长姓张，原住在太和城南郑渡口西村。

老道长给我讲过这样一个故事，三官庙为什么造在旧县集西头？为什么是李家庙？明朝时期，毛巡按治风水，盖玉皇庙，庙成后玉皇大帝派太上老君（据说老君姓李）下界验收，看是否合格。如果符合要求，可择日即位。太上老君下界观察，确认庙殿的气魄雄伟，很满意。正当他要回天宫时，四下一看，在旧县集方圆不到三里之地就有十座庙宇，住持都是和尚，唯独没有道观。太上老君回到天宫责问他的童子："你下凡的时候叫你的徒弟在旧县造观，为什么没有道家之观？"（相传刘伯温、诸葛亮等人都是太上老君身边的随身童子下凡转生。）道童无言以对。后太上老君托梦于旧县集西李氏一老人："你可在你居住处，即玉皇庙之南、龙王庙之西建一道观。三天后你在沙河岸边等候，建道观之木料皆给你送去。"天亮醒来，李氏老人认为这一切是真的，三天后带领李氏族人来到沙河边，果真有几大木筏停在河岸边，筏上没有一个人，李老先生想起太上老君之言，立意代领，便把木料搬往自己的宅地，而后筹备资金请来工匠。三个月之后，一座道观屹立起来，李老先生不知此庙该叫何名，就在自己院内摆贡磕头，求太上老君赐名。到了子时，太上老君托梦给李老先生：自己的本意是让三官（天官、地官、水官）下界，可以此命名为三官观，官观二字连起来不好听，改为三官庙。至此，旧县共有庙宇十一座，后来为图吉利、好听和习惯，称作"十大庙"。

庙观建成后，太上老君吩咐三官下界就位，天官老爷接到法令后不敢懈怠，命水官下界察看。水官来到三官庙，见一切已就绪，观庙修建得非常雄伟，不足之处是三座神像还未着色。水官转念一想，若是全部上色，我就要坐在下首，还不如别管了，我先坐到中间正位再说。于是水官笑眯眯地坐到了三个神像中间的位置。天官见水官迟迟未归，就派地官去看个究竟。地官下界一看，水官已在中间坐得稳如磐石，想反对也已来不及了，天官来了以后自己只能坐在末席，不如趁机在次席的位置坐下来。天官大人等了许久，未见两位属下回来，就亲自前去看个究竟，结果下界后发现地官、水官已经就座，给自己留了个末位，没办法，只能怒气冲冲地在末位坐了下来。所以，三官庙的神像是灰黄泥色，而不像其他的庙观一样为彩塑（三官即天官、地官、水官，即为三元，是道教中所供奉的神灵）。

三官庙为什么又祭拜关公和华佗呢？老道接着说："由于三官的位次之错，天官耿耿于怀，地官无能为力，水官职位低微不敢擅言，于是三官不和睦，因此风不调雨不顺，三年一大旱，年年有小灾。后被太上老君发觉，他感到十分不安，有愧于李氏子孙，就派关羽和华佗前来补救。之后，每逢大旱，人们就去三官庙里祭拜关公老爷，十有八九能降下甘露，非常灵验。而华佗也是大显神通，但凡家里有个头疼发热的，只要去三官庙里跪拜一下华佗，病情就会好转。后来铁佛寺的三尊铁佛也被移来三官庙，更是大显神通。相传有一大汉醉酒后来到庙观，趴在铁佛爷身上吸烟，回家后起了一身水泡，久医无果后身亡，是巧合还是显灵，很难说得清楚。

"另外，太上老君对三官做出此事极其不满，尤其是水官，于是下法旨，把水官化为青龙打下凡间，在三官庙外接受刑罚，受烈日灼烧之苦。百姓不忍水官受此苦难，就成群结队地去沙河里提水，淋在水官身上，以解其苦。七日后水官刑满，腾云而去。为感谢当地老百姓，飞走前抖抖龙身，落下很多冰片，以报恩当地百姓。从此三官庙的诸神团结一致，齐心协力，保民平安，香火愈加旺盛。

黄老善

传说很久很久以前，三里沟（万福沟）西有一小村庄，庄上住着姓黄的一户人家，当家的 30 来岁，从小爱读书，上过几年私塾，念完了"四书五经"，但是时运不济，每次考试都没能得中，因此就在家里办了一个小书馆，教了几名学生。黄先生为人善良，平日里对四邻的苦难户多少都给点帮补，几个小学生读书的费用，有则给无则免。周围邻居有红白喜事、盖房请会还有过年等重要日子，都会请先生写对子，他也不要钱。平日也好修桥补路，所以被人尊称为黄老善。

一日放过晚学，黄老善正要关门时，忽然从外面跑来一只野兔，后腿还带着一支箭，一瘸一拐地跑到他面前，两只前腿合起向老人点头示意，好像是在求救。黄老善急忙把野兔抱到里屋，用被子盖好。才离屋就见旺老弟气喘吁吁地来到黄家问："我刚才打了只野兔，只射中后腿，见它一瘸一拐地向这边跑来，你看见了吗？待我捉来咱们今晚下酒。"原来这位是黄老善的邻居，小时候两人同念过三年学，两家人非常要好，拜过八字（结为兄弟），后因旺老弟不爱念书，半路辞学后爱上打猎，终日带着猎犬，架着猎鹰，背着弓箭遍地寻找猎物。黄老善多次劝过他这个八拜之交的老弟，对他说杀害生灵多了会遭报应。可旺老弟总是说："小小野物能成什么精，我就偏不信这个邪。"

"今日他来到黄家寻找野兔，刚好可以再劝劝他。"黄老善心想，便说道："旺老弟，你还是多听老兄良言相劝，放下屠刀多做善事，你看你捕杀的小野兔多么可怜，你怎么这样心狠，怎么下得了手啊。"旺老弟一听，哈哈大笑道："黄老兄，你一辈子行善，读了这么多年书，不是连一官半职也没混着吗？所以说杀不杀生结果没啥两样。你到底看到我那只野兔没，捡到了就告诉我。"黄老善答道："别说我没见到，即使见到我也不会还你，我绝不能让小野兔死于我手。"旺老弟深知黄老善的为人，垂头丧气地走了。

黄老善见老弟已走远，连忙关上大门，走到内屋床上把小野兔抱了出来，轻轻拔出箭，用盐水清洗伤口包扎好之后，拍拍小野兔的脑门说："你不要出去，我到外面给你弄点草回来吃，你就在家安心养伤，只要有我在，谁也奈何不了你。"就这样，黄老善每天拔草喂兔，并给它清理伤口，十天后，小野兔的伤势就痊愈了。临走时，小野兔依依不舍。

几个多月过去了，有一天旺大汉在他的庄头发现一只大野兔，黄眼黄身黄蹄子，长得又大又肥，旺大汉见后立即唤犬架鹰带上弓箭向东追赶。不知不觉追至三里沟（现万福沟）前，只见野兔前爪一扒，后脚一蹬，越过沟壑，站在沟边。旺大汉立即撒鹰放狗，直追向前。说来也是奇怪，平日狗是会游水的，今日却立于沟前踟蹰不前，老鹰飞过了沟，却在空中盘旋，不敢扑向兔子。旺大汉一看大急，向前奋力一跃，刚好落在沟中间，连续喝了好几口水，眼看就要上西天。人之将死，旺大汉忽然悔悟过来，道："只要我不死，绝对诚心改过。"碰巧这时黄老善路过，见其弟在沟中快要一命呜呼，急忙上前搭救。旺大汉对天发誓绝不重操旧业。话音刚落，只见狂风四起，闪电雷鸣，猎犬被雷打得四仰八叉，老鹰飞向河中的旺大汉狠狠地啄向旺大汉的左眼。正应了谚语：玩了一辈子鹰，最后还是被鹰啄瞎眼。

雨过天晴，黄老善扶着义弟回了家，与其说是养伤，不如说是闭门思过。月余，旺大汉来到旧县，加入同善社，之后不但不杀生，连荤腥也不吃了，并且每年都义捐，积极参加同善社的放生活动，后来旺大汉子孙满堂、人丁兴旺。而黄老善五十岁金榜题名，当了个五品州官，并且是一个清正廉洁的好官。这就给后人留下了"来猫穷，来狗富，来兔子就把高官做"的谚语。

曹觉打舅，公事公办

大约在 1942 年，旧县万福沟水位上涨，堤坝告急，国民政府强征民工上堤打坝。天下大雨，民工吃不饱，睡不好，有些人忍不住就逃跑了。旧县镇分的是从沙河边到刘大桥万福沟东边这一段，是一段重要的地方。伪县长特别重视，他告诫曹觉镇长，堤坝出了问题，非拿你是问。曹觉镇长不敢大意，他也终日在大坝上监工，后发现民工有偷跑的，他想来个"打"一儆百。谁知在逃跑的民工中还有曹觉的舅父。当要打他舅的时候，他舅高叫："曹觉，我是你亲舅啊，你能打我吗？"曹觉愣了半天，一拍胸脯说："外甥打舅，公事公办！"从后，旧县流传着"曹觉打舅——公事公办"的歇后语。

泥瓦匠的"绝招"

以前有家新发户，要把破旧的老屋扒掉，重建新房。请来当地有名的"线头"（泥瓦匠的班头，总领工）商定屋型、面积和工钱之后，选定良辰吉日，破土动工。以前泥瓦匠分"刀手"（专职砌墙）、木工（负责砍房料、梁、檀、门窗等）、拌下（做杂活的）等。"线头"技术精湛，又有文化，是个非常有自尊的人。他认为泥瓦匠是八大行当（木、泥、石、画、竹、扎、油、绳）的一种，从鲁班开始就受人尊敬。以前，建新房是个大事，旧县常流传这样一句话："与你不睦，劝你盖屋。"意思是盖房是大事，不但要有经济实力，也要操尽心血，是件不容易的事。

开工那一天，放炮敬神以后，东家备上几桌席面，请"线头"和参与恭贺的亲朋好友（那时盖建新屋，有三个必庆日子，第一是开工日，第二是上梁日，第三是竣工日，这三个日子的喜庆是不能少的）开怀畅饮。餐具是清一色的景德镇瓷器，精致至极。第二天吃饭时，东家换了碗，由小瓷碗换上大陶碗，每人盛上几碗肉菜和大馍，让他们自行吃饭，东家没陪。"线头"有点不悦。几天过后，该上梁了，东家按常规办事，放炮、撒糖、贴红对后，照样备席请客，当然照样的席面，大都是细碟子细碗，热闹非凡。可到了第二天，东家又给泥瓦匠换了大粗碗，还是请他们自行吃饭。这时"线头"心中大为不悦，认为东家看不起他们泥瓦匠。"线头"认为自己凭技术吃饭，应受人尊敬，即使不过意尊崇，也应和东家一样吧，换这样的餐具，分明是看不起他们，心中就闷闷不乐。回家后一夜睡不着，就把他的《建筑秘籍》翻了一遍，中间有段写道："如果盖房人品行不好，是恶霸、豪强、恶毒奸诈的财主，可用一种方法，就是捏一泥人推车，头向外，放在堂屋门的中间，不过几年，这家就会倾家荡产，穷困潦倒。""线头"第二天真的把这个"活"使上了。七八年过去了，这户人家真的衰败下来了，房屋也已经破烂不堪，到处漏雨。无奈之下，又请来了老"线头"到家里修理屋子。当老"线头"进院后，看到此情，有点幸灾乐祸，心想，看不起我们匠人的人，也叫你见识一下我们匠人的厉害。吃饭了，东家的老婆亲自端饭上桌，全用的瓷碗，每碗的饭菜都盛上七八成满，放在桌上，对"线头"说："你们别生气，以前你们给我家盖房子，我们当家的常讲，你们做活重，一定要让你们吃好吃饱，别用那些小碟子小碗的，瞧着好看不中用。大碗吃饭，大碗喝酒，这是实心实意啊。可今年不行了，我们还想像以前那样用大碗盛饭，不瞒你们说，也不怕你们笑话，我们手头紧得很（指手里钱少），老头子现在去向亲戚借钱了，等他回来，让他陪你们喝几盅，解解乏吧。""线头"一听，恍然大悟，人家一番好心，他却认为人家看不起自己，直觉内心有愧，就急上屋里，把"机关"扭转一下。据说，车头向外，意思是把家里的财帛都推出去，非穷不可，现在"线头"把小车掉过头，向里推，必会发财。修屋结束，"线头"对东家说："停不几年，我来你家，还要吃大碗肉，喝大碗酒。"东家有气无力地说："真是那样，我厚情招待。"几年过后，东家又恢复了元气，富裕起来。

单方也能治大病

20世纪40年代的一个春天，5岁的我患上了麻疹，非常厉害。当时还没什么洋药（西药），只能靠中医中药。出疹子是小儿流行的严重病，治不好会危及生命，治不痊愈就会在脸上留下麻子。故此，以前麻脸人不稀罕。我父亲请先生看后，我有了好转。一天下午，母亲外出有事，我趁无人跑出屋外玩耍，当时天气还很冷，北风吹得我直打冷战，父亲发现后立即把我抱回屋内，放在床上。大约到晚上10点钟，我身上有点发热，母亲因为一天劳累，没有发觉。夜里1点多，我身上越来越热，气喘吁吁，非常难受，哭喊不断。父母亲发现，急请先生看病抓药，先生看后说，小孩子的疹子出得不好，病得厉害，要赶紧喝药。待到天亮时，喝了两遍药，不但没有好转，反而更为厉害。我父亲还要去请大夫时，出门碰见河南岸朱小店的朱福坛老先生。朱老先生当时已有70多岁，高高的个头，胖胖的身材，银须飘飘，慈祥可亲。父亲一见，上前招呼说："您来得正巧，小孩出疹子，不知怎么了，今夜又发热了，您赶紧来看看。"朱老先生到屋里摸摸我的头，翻翻眼睛，看看身上，就和我父亲说："你赶紧到香椿树上掰点香椿枝叶来，越快越好。"父亲就到集西头，搞了一小捆香椿枝叶回来。老坛先生吩咐我母亲把香椿叶放在锅内，加上水烧开，倒到铜盆里，上面放上木板，让我坐到木板上，用被子蒙着头。我在里面哇哇大哭，10分钟左右，我大汗淋漓，心里舒服多了。朱老先生说："慢慢地掀开被子，等会儿就好了。"父亲问："还要喝药吗？"朱老先生说："不用喝了，要多喝白开水，避两天风，千万别着凉。这回你有幸遇到我，再晚两个时辰小孩就不行了。因为疹子见风被堵回去了，毒气一攻心必死。我给你用点热椿叶水一蒸，一出汗，疹子随即出来了。"父亲掀开被子看看，我满头满面和身上出的都是红斑点。后朱老先生叮嘱说："椿叶是温性，有解毒发汗作用，不过要记得，千万不要再着风。"父亲向他付钱，朱老先生说出一段使人深思的话："当先生看病，不能光讲钱，贪财的先生不是好先生。出方救命，这是当先生应该做的事。我又没用药，哪能收钱？"这是多么高尚的情怀和医德，至今使我难以忘怀。

请客

旧县集以前有位出去20多年后当了官的人，有一年回家，一是修坟祭祖，二是看望乡亲。在他快要返程的时候，决定宴请众乡亲，因为大家对他热情、亲切，几乎每一天都请他吃饭。他吩咐随从拿出一百两银子，办十桌好席，来谢贺大家。十两银子一桌席，当然都是山珍海味。不过当菜端上桌时，人们发现都是些小碟子小碗，数量也少，坐桌的三下五除二就把菜吃得一干二净，每人上一小碗莲子汤和一个蒸馍，全席结束。

赴席人一出大门就你一言我一语地说，在外当这么大的官，回来请客上的都是清汤寡水，没一点油腥味，还吃不饱，真是"夹屎头"（抠门）。此话传到东家耳朵里面，官老爷非常生气地问家人："我花了这么多钱，办了这么好的宴席，还说我是个夹屎头？我不知道他们能吃多好的东西，我请我的上司也没有用这么好的席面。"话刚说完，有一个人上前说："大叔，你可想叫他们说你好？"官老爷说："我不是想让大家高兴、欢乐，今后更亲近，我请客干吗？"官老爷的侄子说："大叔，如果这样，我给你办这事，不用花这么多钱，五两银子，保证让他们说你好。"官老爷一听，惊奇地说："我给你十两银子，只要他们吃过说声好，我当面谢你。"

侄子上街买口大猪、一只羊、数十只鸡、数十条鱼，又买点七大味、八大料等，在当地请了一位名厨，经过一天的忙活，第二天上午，邀请上次来的人重赴宴席。人坐好，每个桌上先上六个凉拼，然后上四整（整鸡、整鸭、整鱼、整肘子），接着红烧肉、米粉肉、扣肉、地锅鸡、烧鸡、清炖鸡、葱烧鸡、糖醋鱼、瓦块鱼、清蒸鱼、黄焖鱼等二十多道菜都是用大海碗端上来。赴宴人一开始筷子不离手，逐渐地歇歇手，后来吃得直打"佝偻"（方言，意思是饱嗝）。侄子一看，就上前招手说："老少爷们，咱大家出去站站，方便方便。"这在本地叫中间"邀席"，不一会大家重新入席，又上了四喜丸子、白丸子、鱼丸子等，赴宴人光看而吃不下去了，又上四个甜汤，然后每桌端上两大盘子烧麦。这在当地人称四整烧麦席，可以说是上等席面。然而，烧麦没人吃下去，每人带两个，回去给小孩吃。大家伸出大拇指，异口同声地说："这才像个大官样，是个办大事的人。"官老爷一听，不

166

由自主地说："这十桌不抵原来一桌的钱！"

大水冲了龙王庙，一家人不认一家人

我们的先人相信龙王爷能保人间平安，尤其是住在颍沙河两岸的人，于是开始修建龙王庙。不过那时的龙王庙规模很小，按现在的尺寸计算，也不过几平方米，既没有庙门，也没有庙院，只是一小间土坯房，里面塑一泥胎龙王爷。后随上游水的流量加大，河道拓宽，小龙王庙也多次被淹没在河里边，那时人信神真切，庙淹没了就在河边重建。

有一人，小时候就建过龙王庙，到了70多岁时，他又参加了重建龙王庙，当建好时，他磕头许愿，说："你是龙王爷，怎么大水光冲你的庙呢？"话一落音，就听河水中传出："因为大水不认识我龙王爷，所以就冲我的龙王庙。"后就流传：大水不认龙王爷，光冲龙王庙。

后来不知道过了多少岁月，有一天晚上，因天黑，有一个大汉走路，一不小心碰着路边的一个人，大汉以为没有多大事，不理不睬地想走。被碰的人当然不高兴，就上前拽住大汉说："你碰着我，就这样不理不睬地走了，哪有这么便宜的事，咱得找个地方说说去。"两个人正在吵闹，街坊邻居出来，大都指责大汉不懂规矩，没家教，碰着人家不道歉还想溜，要他们到龙王庙说说理去。为什么要到龙王庙说理呢？一是离龙王庙近，二是龙王庙每到夜间，院中挂着灯笼，指引行船。

众人来到龙王庙院内，大家七言八语地指责大汉。正在大汉难堪时，突然有人问大汉："你叫什么名字？住哪里？"大汉不得已地说出家住集东边，离这不远，姓甚名谁。旁边人一听就说，你们同姓又同辈，没有外边儿（方言，亲近的意思），一叙，碰人的与被碰的还是没出五服的堂兄弟。这时，大汉正找不着台阶下，一听是不出五服的堂兄弟，就脱口而出："大水冲了龙王庙，咱一家人不认一家人。"从此就把"大水淹了龙王庙，大水不认龙王庙"说成"大水冲了龙王庙，一家人不认一家人"。

后来凡是沾亲带故、有点连带关系的，只要做了错事，想找台阶下，就会说大水冲了龙王庙，一家人不认一家人。小矛盾也就解决了。

阴沟里面翻了船

相传，旧县以前出现过一个暴发户，此人原籍不详，有人说他是江苏徐州人，也有人讲是河北人，究竟是哪里人，除了他自己知道，没有人能说得准。此人30来岁，大高个、细长条，穿一身整整齐齐、干干净净又时髦的衣服，眉清目秀，文质彬彬，说起话来声音不高，对于江湖上的行规知之不少。外表看似一位忠厚朴实、文知远博的商人。

其人姓郜名高编，人称郜老骗。郜掌柜的来到旧县，租了一套房子，屋内家具虽谈不上富丽堂皇，但也是很显眼的时尚家具。据本人介绍，他是一个名门望族，其父是家有万贯的大商家，他因受父亲影响，不愿上学，热于经商，知界首繁华，生意兴旺，才来至此地。因界首过于嘈杂，为了安静，并且旧县的工业、手工业等不亚于界首，因此认为居住在旧县更好。初到，他宴请四邻和大商号掌柜，理顺了关系，亲近了四邻，后把娇妻和老母接来居住，此人经常跑上海等地做大生意。

一日，郜老板从上海带来三四位大商号、布庄和百货公司的头面人物，来此处交流取经。郜老板叫爱妻和老母亲与众人见面后，领众人参观了旧县大的布庄、百货行以及粮行、碗店。众人见后，称赞声不断。一天后，郜掌柜又领着他们到界首，参观了自己的几家大商店。他们怎么也想不到小小的旧县和界首还有这样的大财主、阔商。从此，郜老板与他们做起了大生意。

郜老板是个守信用的人，每购一批货，有时先汇款，从不赊欠。上海商人佩服得五体投地。交易经年，一日，郜老板的母亲和妻子都来到上海，说是游玩游玩，上海几大商家轮流接待，非常盛情。忽一日，家中账房来电给郜老板，说是家中正月古会多，各商店都立等要货，因账房先生的老父去世，回家办丧事，等十来天才能办理汇款。郜老板把电报交给妻子，由妻子拿着电报找到各位老板说，她丈夫不好意思讲，因款没到，家中急着要货，她背着他向各位问一下，如果信得过，各位就给发些货，等账房先生办完丧事，立即汇款。众老板深信，都立即发了货，这次发的货非常多。过了一个星期之后，家中来电报，叫郜老板速回，说有一大批生意等其拍板。郜老板拿着电报，分别找到众经理，说明来意，并对他们说："我们夫妻回去，老母在此，望你们多关照。我们大约10天返回，并把以上货款速汇来。"众老板都说："请郜先生放心，你的老母亲就是我们的老母亲，我们会好好伺候她的。"

郜先生走后一个多星期，分别给众老板来电，账房先生因父去世，家事处理不清，众兄弟正闹矛盾，大约还需几天才能上班，先请再等几日把款汇去，众人不疑。可一等半月过后，邰老板音信全无，又有月余，还没有音信，问其母，母答曰不知内情。又过十余天，众人心急，追问其母，其母讲述："我不是邰的母亲，我是一个要饭的女人，一日，邰把我拉到他家，跪在我面前，认我为娘，给我洗澡换衣，并有专人教我待人接物等规矩，来上海前多次叮嘱，只管吃、住，不要多说话，不能讲真情。我想我是个要饭的，现在吃喝不愁，他教我怎么我就怎么。"大家听后，目瞪口呆，后反应过来，齐声说："我们碰到高手了，他是个高级骗子，上海人被小集镇人骗惨了，这才叫阴沟里面翻了船。"

仁义"光棍"陈佩头

仁义"光棍"家住旧县集火神庙街，靠淋硝为生，家庭不是很富裕。其全名叫什么，现在没有人说得清楚，大家都叫他陈佩头。此人一向好交朋友，爱为人排忧解难，不问你南来北往的，打卦、算命、扎针卖药等所谓跑江湖的，遇着发烧头疼，没钱吃药，来找陈佩头，陈佩头不但不推，反而热情招待，家中没钱，向外人借钱，也得帮助。

据说有一唱大鼓书的外地艺人，在旧县得了伤寒病，他举目无亲，身上没有分文，有人告知他："你去集东头火神庙街找陈佩头，他或许能帮你点忙。"这位唱大鼓书的艺人抱着试试看的心态，来到陈佩头家，说明原委，陈佩头听后热情地对他说："你放心好啦，就在我家住，只要我有一口饭吃，就有你一半。"此人一住，就是三月有余，陈佩头在他病重时还亲自端茶、端饭、煎药，直到此人病好回家。陈佩头家本来就不富裕，经过这一折腾，也负债累累。可此人一去半年没有音信，有人跟陈佩头说："你何苦这样呢，这个人别说报答你了，现在连个音信也没有，真是不识好心人。"而陈佩头则说："我那也是看他外出有难，救他生命，不是图他报答我。"

陈佩头的所作所为传遍方圆几百里，江湖上都知道旧县集有个仁义"光棍"陈佩头，据说他死后下葬时，送葬的江湖人士达百人之多。以后多年，跑江湖的人，不论受过陈佩头恩惠与否，只要来旧县集，都要到他的坟地给他烧纸"送钱"。

第八章

名优特产

第一节　地方特产

泰和贡椿

每年清明节，木始发新枝芽，香椿树也开始发出鲜嫩的枝芽。这是太和的贡椿生长的黄金期，只有十多天时间，过了谷雨那一天，椿芽吃起来不但没有香味，还有渣子。所以太和椿芽，也叫雨前椿芽，谷雨前的椿芽是上乘之品。据民间传说，早在唐朝时期，椿芽就进入皇宫。椿芽真正成为贡品应追溯到宋朝，北宋寇准为相时，来顺昌府巡视，到了辖口时曾品尝过辖口椿芽，香椿炒鸡子（鸡蛋）是寇准最爱吃的一道下酒菜。南宋时，顺昌府知府陈规率领民众创造了顺昌大捷，为嘉奖有功人员，皇帝派钦差到顺昌府慰问。此钦差听椿芽炒鸡蛋非常美味可口，就点名要品尝这道菜。钦差来时正是清明后几天椿芽初发的时期。黑油椿枝芽，真是嫩鲜鲜，一掐流出清香汁水。顺昌知府官员指派一位名厨，炒了一道香椿炒鸡蛋，钦差吃后，确感美味。钦差为讨好皇帝，就令顺昌府选上好椿芽，快马加鞭，连天加夜送往京城，献给皇帝。皇帝吃过，赞不绝口，就令顺昌府再送一些，在包装运输时标记为"泰和贡椿"，沿用至今。到了明清，贡椿响遍全国，吃的方式也越来越多样，如香椿拌豆腐，把肥壮的、绿中发黑、黑中发亮的黑油椿嫩芽洗净，用开水焯一下，切成小段，撒在水豆腐块上，浇上芝麻油，拌上芝麻酱，香味扑鼻，吃到口里清脆润爽，回味无穷。

太和香椿对水土要求很高，以旧县为中心，东至李营、西至十里沟，沙河两岸辐射不到三公里，只在此范围之内为极品。椿芽中又以黑油椿为头等，产量很少，青椿次之，红椿又次之。黄儿伞又叫柴狗子，是下等品种。臭毛椿，不能食用。

以前人只知道太和香椿美味可口，健脾开胃，保健治病。而现在科学测定，太和椿芽含多种人体所需的维生素、蛋白质、铁、钙、钾等多种物质成分，可温补肾阳、生发养发、消炎、止血、止痛、行气理血、增加食欲。

第二节　名优小吃

旧县麻糊

据传北宋末年，金兀术与岳飞在朱仙镇大战之后南下，大将韩昌带军驻扎在现在的旧县镇。由于韩昌所部以喝马奶为主，而在中原地区，即使向老百姓威逼强征也难以搜集到足够的马奶。无奈，老百姓只好用没点石膏的豆汁来代替，但是豆汁色黄味苦，口感不好，难以交差，后集思广益，用大米、黄豆各半，经小石磨精磨，过滤去渣，用大锅慢慢熬，最终熬出的豆米混合浆黏稠纯白，香气四溢，且无马奶之腥，军士们大为称赞。韩将军不愿过于夸奖当地人，于是说道："马马虎虎。"从此人们称之为"麻糊"。

后来经过多代人的改进与开发，麻糊之上辅以煮熟的五香黄豆，也有辅以碾碎的炒芝麻盐，都别有一番风味。由于口感好，营养丰富，麻糊深受大众喜爱，传入民间之后，形成专职作坊，天长日久，旧县麻糊成为当地老百姓离不开的风味小吃。

旧县集有李、马、张、闫等家专卖麻糊。由于麻糊营养丰富，深受群众喜爱。喝麻糊可搭配油条，或豆腐皮、烧饼、糖糕及油角。喝麻糊时不用筷子不用勺子，因为好的麻糊不沾碗，不挂边，喝过碗里光溜溜的。赶集的老百姓，端一碗麻糊蹲着或站着，捏根油条，喝着吃着聊着，特别惬意。旧县麻糊不但在旧县有声望，就连界首、阜阳、亳州、利辛、涡阳等外地人，只要经过旧县，非喝碗麻糊，有的专程开车来旧县喝麻糊，直到如今，依然如此。旧县麻糊已经成为永恒的饮食文化遗产。

韩家驴肉

传说早在南宋时金兵入侵中原，遭到顺昌知府率众抵抗，他们击败金兵，被阻沙河以北。金军多食马肉，而当时马在中原极少，又是权力的象征，武官骑马，文官坐轿，老百姓是不能骑马的。家中骡马成群必是高官显贵，平民百姓家是养不起马的。金军驻兵旧县时征收马肉，百姓无法完成，为了不受严惩，聚众商议，杀驴剥皮，以驴充马。当时在中原，驴不仅是农业生产的工具，而且还是老百姓的脚力。有民俗为证：人家骑马咱骑驴，后面还有步跑的——比上不足，比下有余。因此当时的老百姓养驴的有很多。为了以驴肉充马肉不被金军发现，大伙收买了金军的伙夫，传授了煮驴肉之法，结果出乎意料，煮出的驴肉胜过马肉的口感，深受金军统帅的夸奖。从此当地驴肉开始进入市场，人们请客设宴离不了驴肉。到明朝初年，朱元璋大兴农业，下令禁杀牛、驴，从此驴肉不上宴席，但人们又离不开美味可口的驴肉，只能借杀老弱病残的驴为由（俗称倒杆），夜间杀煮，白天串街叫卖，这个风俗一直沿袭到民国初期。中华人民共和国成立前，旧县有马、韩、赵三大家经营驴肉，由于历史及多种原因，马、赵两家后来没人经营，只余一韩家，因此旧县驴肉又被称为韩家驴肉。韩家驴肉的优越之处在于其自元朝流传下来的煮肉技术，敞口放篦（指锅里放个竹篦子），压上石头（一块红石），木柴烧，细火煮，不加食盐和材料，不腥不腻肉喷香，吃过之后味道长。随着农机化的快速发展，驴、牛都不再是农业生产的主要工具，现如今的驴膘肥体壮，专供人们食用。据《本草纲目》记载，驴肉味甘性凉，无毒，能解心烦，止风狂，补气益血，治远年劳损。驴的全身都是宝。人常说：要长寿，吃驴肉；想健康，喝驴汤。现韩家驴肉已不再剥皮，营养更为丰富。

翟家粽子

翟湾（庄）位于旧县镇西关外一里之遥，位于沙河北岸，因沙河从这里拐个弯，全村人又大多姓翟，故名翟湾。翟湾是一个仅30余户村民的小村庄，村民们除种地、造船外，大多数人以包、卖粽子为副业。

翟湾人大多在家把粽子包好煮熟，挎着挎筐（用荆条编织的大筐），用竹叉子叉上样品，走街串巷赶集、赶庙会卖粽子。只有一家，店主是一位姓翟的老人，名字不详，大家都称他"好人"，在集西关桥头支锅现煮现卖。"好人"老头淳朴憨厚、善良可亲，他包的粽子方圆数里有名，用他自己的话说："我包粽子讲究，米必须是无锡上好的糯米，河南新郑的大红枣，六安的粽叶，把米泡一天一夜才能包煮。"一个粽子三个枣，粽子外形为大三角，枣呈小三角，红白搭配，鲜艳美观，激发食欲。红枣糯米粽子之所以经久不衰，是因为夏日脾胃虚寒，糯米治胃虚，红枣有健脾益胃的功效，健脾养胃的红枣加上温补脾胃的糯米，功力倍增，能够强力温补脾胃。翟湾粽子响誉沙河南北。

小时候我的家境还算殷实，每天都要去买"好人"的粽子吃，一次我去早了，只得坐等粽子煮熟，老汉就边抽旱烟边讲述以前的事情。据传，很早以前，我们当地在过端午时，人们要去河边撒下糖糕和粽子，祭祀屈原，这也可能是我们太和原属于楚的原因。以前粽子叫角黍，因为他们村离沙河比较近，官府就把包粽子的任务交给湾庄了，慢慢地庄上大多数人开始以包粽子为生，当时流传"鱼出一滩，粽出翟湾"，后来因为谐音被人叫作"鱼出一滩，鳖出一湾"，老人哈哈大笑，我也捧腹相和。

杨家蒸肉

据传，旧县杨家蒸肉起源于北宋末年。天波杨府有一伙夫，流落旧县，为了生计，在城内租房开店，售卖杨府杨排风的拿手好菜，也是佘太君最爱吃的一道蒸肉，后称杨家蒸肉。之后为了营利，在猪肉的基础上，又增加猪头、蹄、心、肝、脾、肺、肾、肠、肚。清洗干净后，入锅放入近 20 种佐料，盖上大红盆（一种陶制品，现在界首田营有烧制），用桑木柴，经过一个多时辰（相当于 2 个多小时）的闷蒸，揭开红盆，色泽鲜艳，香气四溢。从此，杨家蒸肉响遍太和大地，老幼向往之，食客挤满门，生意兴隆，财源茂盛。自此，杨家蒸肉就在旧县安家落户，流传至今。旧县西关海子外沿（寨海子）街南头靠沙河边也有一家正宗杨家蒸肉，店老板早逝，由妻杨丁氏主掌。杨家蒸肉享有盛名，不但驰名当地，就连山西、河南等地的贩碗巨商，关外运马商人，江苏、六安的驶船老板每到旧县，都先要品尝杨家蒸肉。后来由于筑沙河大坝，杨家搬迁到顺河路西头，和我家对门，闲暇无事，我就听丁老太讲述杨家蒸肉的来历，有时还提到一些制作方法。我听丁老太说，做蒸肉要用近 20 种佐料，最重要的是丁香和冰糖，加上它们蒸出来的肉才色泽红艳，香气扑鼻，味道纯真，不咸不淡，不辣不甜，不腻不黏，不硬不绵，经过高温，汤鲜肉烂。现在太和城内也有两家蒸肉，一家刘家蒸肉店，一家曹家蒸肉。曹家蒸肉是三代祖传，有近百年历史。我多次品尝，与旧县杨家蒸肉一样，上午11点左右一揭锅，不到两个钟头就卖完。

闪家油锅盔馍

"油锅盔好了，吃锅盔馍哟！"这是以前每天傍晚在旧县街上出现的闪启龙的叫卖声。闪是个盲人，兄弟二人，母亲闪氏是一位慈善、纯朴、勤劳的老人，闪家锅盔馍就出于她老人家之手。闪家是回族，据传旧县回族人大多数是在明清时期就迁到内地。旧县土地肥沃，又靠沙河，交通发达，码头兴旺，商家云集，生意兴隆，清道光年间这里就建起了清真寺，可想而知，旧县回族人之多，因此，闪家锅盔馍应属回族之菜系。闪家的锅盔馍从外表上看，像戏剧中宋朝大臣上朝时手拿的象牙笏，长约20公分，宽5公分，厚近2公分，有大约40度的弯度。锅盔馍一锅出两样，靠锅有焦，焦淡黄色，吃着清脆可口；中间不带焦的柔和喷香，口感适宜，回味无穷。闪家锅盔馍是用上好的头遍小麦面和纯正的小磨芝麻油加上精配的五香粉做成的，麦面经过糯米酒发酵后，多遍揉搓，细火烧，慢慢蒸，严格把握火侯，制作工艺特别讲究。闪家锅盔馍一上街，一筐馍不长时间就卖完了。

韩伟板面

板面是太和面食后起之秀，已成太和面食的一大亮点。有个旧县人叫韩伟，当兵退伍后，小两口开了一个小饭店，平平淡淡，生意一般。在他家的一侧也有家专卖面条的小餐馆，卖的面条与众不同。隔壁餐馆和好面后，放在案板上醒一两个小时，之后两手拎着面块两头，在案板上用力摔，越摔越长，越摔越宽，达到一定程度，用手撕开，放在开水锅内，煮上一会，盛到碗内，放点肉片即成。这种面特别筋道、好吃。韩伟两口子一比较，自己的面条不如人家的摔面，就向人家请教，那家也爽快地教给了他和面技术。那家小店开张不久，因有事而关门。韩伟两口子就用心钻研，认为要想面条好吃，光放点羊肉是不够的。因此昼思夜想，多次试验，根据当地人的口味，吸取太和蒸肉的汤味，加上点辣、咸味道，用了不少材料和羊肉，功夫不负有心人，终于试验成了一种咸、香、辣的板面汤。在汤内放入本地的山羊肉丁，羊肉经过此汤一煮，形成了又香、又咸、又辣的羊肉配料，挖上一勺放在板面碗里，特别好吃。板面汤做好的绝窍不单是有一二十种作料，最关键的是在处理辣椒上。板面的辣味是香中有咸、咸中有辣，越吃越辣，越辣越舒坦，越舒坦越想吃。后来，韩伟两口子又研制出咸鸡蛋、鸡头、鸡爪、水煮花生米、豆泡、豆皮等十余种小菜，客人进店喝点酒，吃点菜，聊聊天，然后吃碗羊肉板面，真是花钱不多，有吃有喝。韩伟板面一炮打响，一时间驰名四方，不但当地人喜欢，就连南来的北往的、亳州的、涡阳的、界首的、阜阳的，只要经过旧县三角元，就非吃韩伟板面。一时间韩伟板面出了名，生意越做越红火。亲戚朋友都跟韩伟学做板面，韩伟两口子想得开，认为教了他们也好，让他们也发财。就这样亲戚传亲戚，朋友传朋友，再加上曾给韩伟打工的部分人也都学会了，不到几年，旧县板面传遍太和，走向全国。近年来，不但太和人学，就连山东、吉林、河北、河南等地，都有人专程找韩伟拜师学艺。

羊肉汤泡烙馍

羊肉的吃法种类繁多，有烧、烤、煮、卤、炖、煎、炒、烩、涮、抓等。驰名的有新疆烤全羊、手抓羊肉，北京涮羊肉等。而西安羊肉汤泡馍，也是响当当的的风味小吃。

旧县李刚鲜羊肉汤泡烙馍也很有地方特色和风味。李刚是回族人，几辈人都做饮食生意，对回族菜食有着深厚的造诣。天生的灵感，使他在传统的制作工艺上不断创新和发展，他的鲜羊肉汤泡烙馍就是其中的一种。李刚煮羊肉放的是自己配制的去除膻气的材料，煮羊肉是开锅下肉，盖严闷煮，等肉熟烂后捞出，汤成乳汁，清香扑鼻。烙馍本是我们当地农家面馍之一，可李刚家的烙馍与众不同。李家烙馍用当地三泰面粉厂的头等面粉，先用开水烫面，经多次搅拌再使劲揉攦，用杆杖杆成薄薄圆圆的馍坯放在烧热的鏊子（用生铁铸成的专烙馍用的）上，用翻馍坯子（竹做的）来回翻转，直到表皮呈浅黄色。熟后出锅，软绵绵热呼呼，撕成小碎片，放在羊肉汤碗里，切点羊肉，加点香菜和蒜黄，趁热喝上一碗，舒服无比，这适应于老弱妇幼。还有一种是在以上的基础上加盐，放入姜、蒜末，配上用朝天椒炸制而成的辣椒油，再放入少许的胡椒面，风味大不一样，羊肉烂、烙馍甜、汤香辣，嘴吃得冒油，身上喝得出汗。

杜家的麻花

"甜的咸的麻花"，每天上午10点后，在旧县镇街上就能听到杜家的麻花叫卖声。说起麻花，天津麻花中国驰名，但旧县集杜家的麻花吃起来也很美味。杜家麻花源远流长，属回族美食系列。据传，杜家的先祖早在明朝就从西北内迁到怀庆府（现河南省济源市），又迁到开封，清中期迁到阜阳县西方（今安徽省临泉县），不久又迁至旧县集，至今已有400多年的历史。杜家制作麻花是祖传，已有几代传人无法考证。杜家麻花原料精致、工艺复杂，他家的麻花从一米多高处落地后，要碎十多段，每段不超2厘米。并且用杜家麻花可点灯照亮，中间不会截火，这是一绝。杜家麻花还有个特点，外观看透明发亮，嚼到嘴里清脆酥甜，没有一点垫牙之感，这是其他麻花没法比拟的。杜家麻花已成礼品，太和人在外居住的，只要回太和，大都到旧县品尝麻花，回家还要带十几个送给亲朋好友。杜家麻花分甜、咸两种，甜的外观红中发亮，吃到嘴微甜爽脆。咸的外观金黄透亮，吃到嘴里，微咸清香，香脆可口。杜家麻花制作工艺绝密，每代只传一人，还只传男不传女，具体操作外人不可知，可称皖北一绝。

胸骨牛肉汤

牛在农耕时代是重要的生产工具，许多朝代不允许私宰牛，尤其在汉代，牛被立法保护，"犯禁者诛"。唐宋时期，牛不管老弱病残，都在禁杀之列，此律延到 20 世纪中华人民共和国成立后。物以稀为贵，牛肉自然在肉食中排行前列。

旧县集老街口路北有个清真板面馆，每天中午、下午门前小车排列成行，晚了无车位，有的携家，有的会友，成群结队，轮桌就餐。这么热闹，是为了著名的胸骨牛肉汤而来。面馆老板姓刘，回族人，他家的胸骨牛肉汤是祖传。据说在古代有个皇帝吃胸骨喝牛肉汤身体好，寿命长，因此，他嫁公主时，把牛胸骨（软骨）作为一份嫁妆赐给公主。直到如今，民间还将啃骨头、嚼脆骨称为"拿嫁妆"。刘家胸骨牛肉汤与众不同，首先，把全牛的腿骨、肋骨放在锅里，再把胸骨硬骨上剔掉的余下的肉、软骨（脆骨）放在大锅内煮上两个多钟头，把大骨（硬骨）捞出，放入精配的佐料，再煮上一个多小时，软胸骨捞出即可。与众不同的是，人家多为清汤，而他家的汤呈淡黄，汤汁浓，骨髓多，喝过之后精神爽。嚼胸骨吃烂肉，再喝上一碗香辣牛肉汤，舒舒服服身安康。

牛尾牛肉汤

牛肉瘦肉多，脂肪少，是高蛋白质、低脂肪的优质食品。旧县回民有一道极为优美的名菜——"牛尾牛肉汤"。这家闪记清真牛尾牛肉汤菜馆的牛尾牛肉汤是家传。牛尾巴是牛身上的一宝，牛走卧尾巴都摇摆，肌肉强健，用牛尾煮汤是上等的补品。闪氏煮牛尾汤的绝窍是先把牛尾整理洁净，烧开水后，放入牛尾煮上 1—2 个小时，再放入八角、桂皮等十余种精配而成的佐料。煮上约三小时后，把佐料捞去，然后文火再闷煮 1—2 小时（煮牛尾不低于 5 个小时），只有这样汤才能味鲜纯正，清香爽口，牛尾骨与肉似离非离，肉烂肥绵，啃完肉，掰断骨节，吸骨髓，再喝口不咸不淡、不腻不黏的牛肉汤，那真是口含香，后味长，暖胃健身保健康。

农家红烧肉

旧县三角元老路口向南路西有一醒目的小宾土菜馆，菜馆虽说不大，可生意火红，方圆有名，遇红白喜事都需提前订桌，散客来晚没座。什么使小宾土菜馆生意如此兴隆？除服务态度好之外，主要的是他的菜肴大都是土生土长的家常菜，适合当地人的口味。其中有一道名菜：农家红烧肉。做红烧肉首先选用上好的新鲜五花肉，切成两公分左右见方的肉块，放入有姜葱的开水锅内，倒入点黄酒去除血沫和腥气，几分钟后，捞出，用冷水激一下，切成小方形，用热油煎成金黄色后，锅内放入适量的葱、姜、蒜、八角、桂皮、山楂、陈皮等佐料，文火闷煮一会，再放入冰糖、红糖，少许食盐和老抽，加点啤酒，细火煮上40分钟即成。掀开锅盖，那真是甜香气旋，金黄色艳，肥而不腻，甜咸酥软，肉鲜嫩，皮劲道，回味长。

李刚羊肉煲

旧县集李刚回民菜馆补身健体的羊肉煲，也是传统名食。李家羊肉煲首选上好的本地小山羊，将不肥不瘦的肋条肉，先用开水汆一下，除去血沫、膻气及浮面油脂，然后放入开水锅里，用旺火焖煮，时间不易过短和过长，否则不是肉不烂，就是肉里的氨基酸被破坏，最理想的时间是 90 分钟左右。羊肉煲不但要注重火候，还要讲究原汁原味，不能把佐料放入羊煲锅，而是把葱姜蒜末和辣椒丝等放入碗里，加入芝麻香油和老抽等调配成蘸料，配食羊肉（切记羊肉煲不用醋，否则会破坏营养），这样吃实感肉鲜味正，不腻不黏。在清澈清香的羊肉煲锅里放入豆腐、豆芽、大白菜、山药、菠菜和海带，尤其要有三角元的大葱。豆腐营养丰富，性寒，既能调和平衡羊肉的大热，又补中益气，清热润燥。海带也系寒性之品，自古就有"长寿菜，海上之蔬，含碘冠军"之美誉。山药、菠菜等都有一定药、食、疗之效能，合理的搭配，科学的组合，使羊肉煲既补肾阳又滋肾阴，强身心，健体质，是冬季进补的理想美食。

许家丸子（汤）

丸子和丸子汤，家家都会做，街市到处有，虾米丸子、绿豆丸子等各种肉丸子，真是五花八门，种类繁多，可旧县许家丸子独树一帜。许家是回族，祖辈都以做饮食生意为生，我所知的当时许家掌柜的号称大老廷（名许廷礼，兄弟三人，他为老大），据说到他就已是第四世传人。他家的丸子，首先选较好的小麦面，再按比例加入纯绿豆面，馅是用大葱、筍瓜和豆芽，外加姜和材料制作而成的，大葱洗净，筍瓜（太和也叫打瓜）拉成细条，豆芽用少许盐和大料煮得半生半熟，捞出与葱、筍瓜丝放在一起剁碎，放在大盆内。用沸腾的开水和面，在盆里用手和拌均匀，用左手从虎口挤出，然后用右手揢成大小一样的圆丸子，放入滚油锅内炸，炸好的丸子呈金黄色。捞出，趁热吃，那真是外焦脆，内暄软，焦脆软绵，既有大葱的香味，又有瓜菜的清香味。吃到嘴里，香味满口，食欲大开。许家的丸子汤高人一筹的是，只用煮过的豆芽水加上佐料即可，喝起来真是说不出的味道，充满油香、葱香、瓜香、菜香，加点辣椒油，香中有辣，辣中有香，喝过一碗，再来一碗也不过瘾。许家丸子汤现已是第七代传人，在老旧县集西头，名德盛楼饭庄。

胡辣汤

太和旧县集的胡辣汤，首屈一指的数陈老茂家的，陈家胡辣汤的特别之处在于配料和调味，首选本地的头、二遍小麦面，用水洗成面筋，然后把洗面筋水和鸡汤按一定比例放入锅内，再把面筋、粉条、花生仁、豆腐泡，以及少许切成小丁块的绿豆丸，加葱、姜、胡椒面与酱油，烧煮开锅后上面再撒些小方型的肉块，汤艳肉美，扑鼻喷香，豆腐泡的筋软，粉条的滑爽，葱姜的香味，盛到碗里放点香油和醋，再撒点胡椒面辣椒油，那真是喝汤有味，吃食又香，酸中有辣，辣中有香，辣酸合为一体，喝着真舒坦。再说一说李、姚等家的胡辣汤，加入了洗面筋水、煮元豆水及适当的老汤煮出的胡辣汤，香气扑鼻，清爽滑润，味道非常。旧县胡辣汤远近闻名，周边的人们早上经常来喝。

马家包子

包子处处有之，可说家家可做，江、浙、粤的小笼包，天津的狗不理等，响遍全国，旧县马家的牛肉包、豆腐包子可与之媲美。马家包子顾名思义，是马姓出品。马家居住旧县西街，三兄弟都卖包子，其中马廷怀老人的包子在旧县非常有名。马家包子特点是，一是首选上好的小麦面做皮，皮不软不硬，不厚不薄；二是馅子的配料特别讲究，马家包子素包是用葱、豆腐和细粉（粉丝），豆腐先用锅蒸一下，出出水，再与葱、细粉合在一起用刀剁碎，关键是把剁好的馅用适量的清香油细炒后，用面皮包起来，上面拧成螺旋花，蒸出的包子透亮，吃时就蒜瓣，香气可口，令人食欲大发。

马家的肉包，分牛肉、羊肉，在制作上除面皮与素包一样，主要馅是用牛、羊的肋条肉，肥瘦都有，加入大葱，再拌入自己用麦面晒的面酱。蒸熟后趁热吃上三五个，真是食欲大开。

在旧县还流传着这样的故事：有一汉子，每天都到马老头处买了包子吃后，还要再买两个包子，说是给儿子带回家吃。突然有天此人改口说："马老头给我带两个热包子，我回家给我娘吃。"马老头一听，不由问道："没听你说过给你娘买包子吃，今天怎么啦？"大汉对马老头说："你不知道，那天我买包子回去，问俺儿子，你长大买包子给谁吃。他说他跟我学着，也给他儿吃。马老头你看，将来我能吃上俺儿买的包子吗？我错了，从今以后我给俺爹娘买包子，做个榜样。"马老头一听高兴地说："这就对啦。你要知道，上行下效，你孝顺小孩也会学习孝顺，今天这两个包子我不要钱，送给你行孝。"

壮馍

壮馍，又名大饼，分为咸、淡两种。做咸壮馍首选好面粉，开水烫面，和好，擀成直径30公分左右、约1公分厚的圆饼，上面洒上清香油少许，再撒上点葱花和五香粉，卷成十余层的圆筒，用手按平，再用擀杖擀到约 3 公分厚，然后放入平板锅里（专用锅），上面撒上一层芝麻。先用大火烧到六七成熟，再用细火经多次翻转，到熟为止。这时的壮馍呈金黄色，香气扑鼻，吃起来皮筋揣（筋道），内软绵，葱香、油香、材料香集一体，真是有说不出的味道。再说淡壮馍，那可比咸壮馍难制作，首先也是用好麦面和成硬度较强的面块（不掺油盐和材料）在案板上用力摅，大约十几遍，摅的遍数越多，吃着越好吃。摅好面后，擀成直径 30 公分厚 2 公分的圆形馍坯，再用双手在面坯上做出有鼓泡的花纹，放入平板锅内（锅内不放油）用细火炕，掌握火候是关键，直炕到白中发黄，花纹凸出。淡壮馍，不放一点油、盐和材料，全凭制作者的手劲和掌握火候，不许有一点黑火点。淡壮馍吃起来耐嚼，焦香，面甜，真是少有的好面食。

回民粉鸡

粉鸡，顾名思义是用淀粉和鸡肉制作而成，原是回族人宴席中的传统主菜之一，也是他们的家庭常用菜食。除回族饮食店有粉鸡，走街串巷，摆摊设点，叫卖粉鸡的也有不少。回族人制作粉鸡特别讲究，一是选肥壮土老母鸡（鸡越老越好），宰杀后，去毛、清内脏，取前边两胸的去皮鸡块，用快刀切成长方形，放在大盆里，加入适量的纯淀粉，再加上鸡蛋和调料（不能兑一点水），用力翻、揉、拌，摔的时间越长，肉与粉粘得越紧，吃时越滑润、脆爽。粉鸡煮熟后，捞出放入洁净的冷水中待用。制粉鸡汤关系到整个粉鸡的口感，有三分肉七分汤之说，因此，煮粉鸡汤必须把剩余鸡肉和骨架子全部放入锅内，加适量盐、葱、姜和材料，汤始终保持沸腾，有人吃时再把粉鸡和汤盛到碗里，放点香菜。在春夏季节，粉鸡汤里放上一把鲜荆芥，浇上几滴清香芝麻油，那真是色美味长，吃着滑润，嚼着脆爽，再喝口热腾腾的粉鸡汤，美味非常。据药典介绍，鸡肉和蛋能健脾暖胃。荆芥祛风解表，透疹止痒。粉鸡汤内放荆芥，不但增加口感，对因感冒引起的发热、头痛，也有一定的食、药疗作用。

油蛤蚂

旧县原西城门外，有家许廷臣回民饭店，许家有一名食：五香油蛤蚂。谈起五香油蛤蚂，可大有来头，据讲许家是从河南开封迁居太和的，他们的祖上在开封就经营饮食业，以油炸业为生计。豫东地区经多次战乱和黄河泛滥，民不聊生，挖草根，吃树皮充饥也无济于事，因此，鱼虾和蛤蚂（青蛙）也是人们的充饥之物。后来由于环境逐渐改变，人们深知青蛙吃害虫，对自然环境有贡献，逐渐不再食用。但是对鱼虾、蛤蚂的美味仍难以忘怀。于是有人想出用面和蔬菜经油炸制成美味可口的油蛤蚂。油蛤蚂的制作方法是将少许豆腐、葱、萝卜丝和佐料，按一定比例配好，用麦面拌成不稀不稠、不软不硬的面糊放入勺子（勺子是专用的，铁制而成，直径约10公分，中间凸，周围凹，把向上）里，用筷子摊平，放入热油锅炸到外呈金色为止。抽出勺子，倒出的油蛤蚂边缘一指多厚，中间薄如纸。

焦酥枣和烤白果

食物养生，流传千古，旧县高灿忠出身中医世家，他的焦酥枣和烤白果就是养生的美食。枣是补气之药，养血安神。高灿忠的焦酥枣首先选个大肉厚之枣，洗净晾干，用锥子把枣仁捅掉，放在烤炉（烤炉是用铁丝编制的小方格，下面用一火炉，使用六安山中的木炭，既无污染，烤出的枣味又香甜）上，细火勤翻，直到把枣内的水分烤出，枣变硬，取出晾凉去热。这时的枣吃到嘴里焦酥、香甜，没一点渣。据说，枣烤焦后，可增加营养成分。

白果熟食，温肺益气，定喘咳，止白浊。高灿忠的烤白果也是选个大、丰满的好品种，放入专门编制的手摇铁丝笼子里，在火炉上慢慢摇转，直到白果呈淡黄色为好。剥出外皮，呈浅绿色，药味清香，越嚼越清香，越吃越有味。冬季，烤白果是老人和小孩的常食之物，深受人们喜爱，但不能多食。

黄焖鱼

焖是烹调技术的一种，分红、黄两大类。黄焖鱼者极少，而旧县集姚金亮的黄焖鱼真是大大有名。姚老先生家住旧县北关清真寺旁边，以卖黄焖鱼为职业。每到上午 10 点钟后，老姚就开始叫卖黄焖鱼，20 余条黄焖鱼不过 12 点全卖光。姚氏黄焖鱼使用沙河 1 斤左右的鲜鲤鱼，刨腹刮鳞清洗干净后，加少许盐和材料放在盆内浸上一会，再放入锅内，添加适量的米酒、姜片和正宗三角元的大葱，搭点黄沙糖，盖紧锅盖，用细火焖上两三个钟头，中间不掀锅不兑水。焖好才掀盖，盛到大陶盘内，放在挎盒（用楝树专制盛食品用的）上，沿街叫卖。姚家黄焖鱼只有浓郁的葱鱼香味，绝无一点血腥气。姚氏的黄焖鱼来回翻动，不会散烂，不硬不绵。吃到嘴里有香甜可口的葱姜味，使你有说不出的感觉。金黄色的鲤鱼用筷子一挑，鲜艳洁白的细肉，黄色的鱼皮呈现出去鳞后鲜艳的半圆形花纹，真使人垂涎三尺，难以忘怀。

糖瓜和麻糖

每逢腊月祭灶，人们必买糖瓜。本地民俗，每到祭灶日，家家打扫得干干净净、一尘不染，到傍黑祭灶前，由家庭主妇把鏊子翻过来放点麦糠和麸皮，撒点水，意思是给灶爷、灶奶喂好马，好让老灶爷上天。用糖瓜粘在老灶爷的嘴上，全家人跪下磕三个头，口中念念有词："上天言好事，下界保平安。"再把旧老灶爷像从墙上撕下放在鏊子上，与拌过的草料一起燃烧，这就叫打赶老灶爷上天，多讲美言。仪式完毕，从即日起就开始办年货，运筹过年。现在糖瓜很少见，原旧县有多家糖房生产糖瓜。糖瓜是用麦芽为主料熬制而成的，好的糖瓜每块2—3斤，淡黄色，脆甜，可做梨膏糖、麻糖等。糖瓜每年只用于祭灶和粘糖瓜给小孩吃，家家都用，销量很大。

麻糖是冬春季的热销商品，大人小孩都爱吃。旧县还有一种游戏叫掰麻糖，即两人各拿一根麻糖，掰开后比比麻糖内的洞，谁的洞大谁赢，洞小者出两人的麻糖钱，很有乐趣。现在旧县马超的麻糖，已成佼佼者，名扬四方。马超的麻糖乃用大麦芽放在锅内熬到一定稠度，放于案子上，用手多次抓拽，直到白中发亮，长条有丝、丝中有空，然后放在有熟芝麻的木板上趁热滚上数遍，再切成30—40公分的长条即成。制麻糖，全凭拿准熬糖的火候、搋拔的技巧和炒制芝麻的工艺，经以上精工细作、材料的合理配制制成的麻糖，香中有甜，甜中有香，入口脆，含着绵，是冬春季节人们最爱的零食，也是逢年过节送亲朋好友的礼品。

五香咸牛肉

旧县集闪家的五香咸牛肉是祖传，追溯历史有百年之余。闪家五香咸牛肉首选淮北地区农家黄牛，膘满肉肥，肉质细嫩，宰杀后选牛腱和牛肋条，按牛肉的内部纹理结构分割为1—2斤的块状，用食用盐及多种材料腌制多日，每日翻动，保持通风透气。煮牛肉时先将腌制的牛肉用清水冲洗，以去除血腥之味，放入专用锅中，加适量水和精心配制的材料，文火慢煮。火候的掌控尤其重要，先用大火烧，烧到沸腾时，改用文火，这样煮出的牛肉才能充分吸收材料的味道，同时释放牛肉自身的鲜美，达到质地暄烂、汤美色鲜、韧而不柴的口感。煮熟的牛肉色红艳鲜美，煮好的牛肉晾凉以后即可食用，切薄片放置碟中，熟烂适中，咀嚼微用力，越嚼味越香，越吃越解馋。过年过节，待客会友，切盘咸牛肉，配上高粱酒，吃块肉喝口酒，划拳、行令，畅谈亲情友情，已成当地人的食俗。旧县的五香咸牛肉历经几辈人的经验积累，色鲜味美，余味浓厚，老少皆宜。现在旧县的咸牛肉不仅闻名旧县、太和、界首、利辛等，更是远销上海等地，声名远扬。

枕头馍

刘洪俊号刘老超，居住在旧县北关清真寺旁，会武功。此人个大身高，健壮有力，这样的先天条件给他制作硬面馍创造了得天独厚的优势。阜阳枕头馍也叫杠子馍，活好面用杆子压制而成。而刘家蒸的杠子馍，先用杆子压，再把压好的面块放在木案上，加上少许面粉，用手使劲翻搋，翻搋一遍兑点面，直到把面和好后放在案子上用洁净的湿棉布盖上，醒上一两个钟头后，再把醒好的面块用刀切割分块后，再翻搋。这个过程全需用力气，和面的遍数越多，蒸出的馍越筋道。成形后放入锅内，先用大火蒸到六七成熟后，改用文火，细细地慢慢地蒸捂一个多小时后掀锅，热腾腾的大枕头馍就出锅了。靠锅黄腾腾的馍焦，有半指之厚，吃着香甜脆酥，不带焦的吃起来也美味香甜，筋道柔和。

高庄蒸馍

袁佩珍住旧县后花园，以蒸卖馍为业。袁家的高庄蒸馍是用淮北的小麦磨成的头遍面粉，发酵后和好面放在案上醒上一两个时辰，再进行二次和面。高庄蒸馍属硬面类，需多次搋、揉，然后双手合拢，在案上转动造形成高近五指、直径约三指的圆柱形，馍顶突出，好似没沿的钢盔帽。做好馍坯放在锅内，先用大火后用文火，把握住火候。袁佩珍的高庄蒸馍掰开后一层一层的，吃起来香甜、醇厚、筋道、柔绵。由于外观好看，吃着柔甜，当地老百姓每逢过年家家都蒸蒸馍，并在馍顶上点上红点，摆上贡桌，以示喜庆吉祥。

油旋旋馍

油旋旋馍追溯历史可到清朝初期，从黄土高原、宁夏、山西、河南流入中原，已有几百年的历史。制作油旋旋馍首先要选用好面粉，发酵后放在木案上，用水拌匀，硬软适中，然后把分割好的面块用木擀杖擀压成细薄的长方形面片后，在面片上抹上一层厚厚的清香芝麻油，放适量的材料，撒上葱花，紧紧地卷起来，按成扁元形，再拿木擀杖慢慢地杆成马蹄形，放入锅内，细火蒸，慢慢捂。掀开锅盖，一个个一层层细润油亮，层层中辍着白绿的葱花，随后一股清油香、葱花香、材料香融为一体的浓醇的异香扑鼻而来，令人不由自主地流出口水，食欲大动。油旋旋馍吃到嘴里不像枕头馍的筋道，没有壮馍粗壮，也没有高庄蒸馍的甘甜，而是油润爽口，香味醇浓，酥软柔韧，油多而不腻，料多而不过。

熏牛肉

旧县闪团结的五香熏牛肉，特别有风味。制作五香熏牛肉，首先选用膘满肥牛肉质细嫩的牛腱和牛肋肉，分割成1—2斤的长形肉块，放入缸内，用食盐和精配的材料在缸内腌泡，每日翻动几遍，使材料吸收。数日后，取出腌制好的肉块，用清水洗掉淤血和腥味，放入多年煮肉的老汤锅内，煮至六七成熟，捞出凉冷片刻，正反两面再撒上自制的五香粉，放入蒸锅（专用，锅盖有小孔，好透气，以免蒸汽水渗到肉上，冲淡原味）内，先用中火后改小火，慢慢地蒸，到一定时间，掀锅即成。五香熏牛肉被蒸得酥烂，烂而不绵，肥而不腻，味香肉嫩，润爽可口。

咸羊肉

李守才，原阜阳人，20 岁时至旧县张定国家为婿。张定国住旧县西门外路南，以开饭店为生。张家是从河南开封地区迁入旧县的。李守才的咸羊肉为张家所传，是当地人春夏秋冬都食之品，夏天吃李守才的咸羊肉也不上火，这里面的奥秘他人不解。李守才的咸羊肉以小山羊为最佳。把鲜肉去骨，切成 2 斤左右的肉块，用清水泡一下，去除血与杂物，放入沸水中，用大火烧滚后把上面的血沫清理出去，然后放入材料袋，用小火煮上一个多小时，再焐上一个多小时，捞出锅，羊肉色鲜味美，不膻不腥，肥而不腻，瘦而不柴，不咸不淡，润爽可口，柔烂香绵。李守才的咸羊肉用秤秤着卖，食客买来用手直接拿着吃，嚼到嘴里，美味非常，更有饮酒者，吃口肉，喝杯酒，是平民百姓的乐趣。

羊杂碎

"又肥又烂的羊头、羊肺、羊肝子！"这是 20 世纪初，在旧县集西门外桥头每天傍晚六七点钟时，许三的叫卖声。许三名廷贵，宰羊卖肉是祖传职业，现已传五代。许家肥烂香辣的熟羊杂碎不同一般，首先把羊头、心、肺、肚、肝等去毛等清洗后，再用凉水浸泡，一个小时左右初步冲掉淤血和腥膻味，放入食盐和材料，腌上一两个小时，盐和材料浸入肉内。然后把腌好的羊头等杂碎分割小块，放入有辣椒、胡椒和特制香料的沸水锅内，大火烧至七八成熟时，改用文火，细细地炖，使羊杂炖到酥烂，炖出肉香，然后再焖捂一段时间，使锅内的羊杂碎不但更柔烂，还能吸收更多材料以达味厚。煮好后把锅内的汤和羊杂盛放在红盆内，放入用荆条编制的挎筐，筐里放入用柴炭生的小火盆，把放羊杂的红盆放在火炉上，使煮熟的羊杂碎始终保持热腾腾的状态。香喷喷、辣呼呼的羊杂碎真是难以说出的好吃。

板鸡

以前旧县人常说一句"大个子剁板鸡"，此语所指有二：一是板鸡是当地一种特色食品，二是制板鸡的材料必须是肥大个头的老公鸡。制作板鸡先杀鸡去毛和内脏，再把整鸡用水清洗干净，去除浮血，一个整鸡分割成头脖、两块鸡胸及两块大腿，共五块，每口锅里可放六七只左右。锅内放入自制的材料，先用大火煮至六七成熟后改用细火煨。制板鸡关键是材料和煨的过程，材料的配制是保密的，煨煮的时间全凭经验，煨煮的好坏是板鸡味道的关键，煨煮好的板鸡外看皮淡黄、肉白嫩，鸡汤晶亮，特别鲜美。吃板鸡都是用手撕着吃，旧县姚家的板鸡吃起来不过烂，也不显生，不过咸也不显淡，不辣，不腥，不肥腻，不柔绵，进入口里，皮清脆肉咸香。加上用煮鸡的原汤煨煮的咸鸡蛋和豆腐皮，用专制的陶盆放入木制的挎盒里，挎着上街叫卖，也是旧县名优小吃的一个亮点。

烧鸡

符离集烧鸡和道口烧鸡是名牌产品，驰名中外，而旧县马腾成家的烧鸡与之相比，也不逊色。品尝烧鸡首先要观其外形和色泽，其二品其味，其三是肉的绵烂和骨的酥软。这三点达到极点，则是高级之品也。马家制作的烧鸡选择个大均匀、身壮肉肥的公鸡，宰杀后，清毛去污，挖去内脏，在洁净的冷水中浸泡一个多小时，彻底排出血腥之味。然后造型，把鸡的两翅交叉，从嘴中拔出，再把双腿反绑，放入热水锅，煮上片刻，捞凉后用蜂蜜或红糖全身抹上一层，放入油锅内炸，常翻动，以免炸糊。炸成焦黄色时，捞出油锅，放入早备好秘制材料的沸水锅里，先大火煮到六七成熟时，改用小火，盖锅，细细捂焖，煨一两个小时，烧鸡可成。制成的烧鸡皮色红亮鲜艳，外形雄壮威武，膘满肉肥，鸡肉晶莹嫩白，吃起来不咸不淡，香润合口。最令人赞赏的是鸡骨绵软，吃到嘴里若用力一嚼，骨碎出油，越嚼越香，就如食客所说，连骨头都吃了。马家的烧鸡是世传，现已第五代。

麻虾、焦鱼、莲花豆

麻虾、焦鱼、莲花豆！每天上午 11 点钟左右，这就是旧县姚思荣的叫卖声，姚氏住旧县北街清真寺对面，世代以饮食为业，他所卖的麻虾、焦鱼、莲花豆是旧县的名优小吃，可上大桌席宴，也可个人拿着小吃。闲暇时两三个人打地摊，饮酒、叙话，真是悠哉、乐哉、美哉。沙河的麻虾，首先捏头去尾清内脏，用清水洗干净，用自己秘制材料拌匀，再用鸡蛋和面粉勾芡，放入香油锅里炸，炸到外看金黄色，内白嫩晶亮，吃起来外焦脆、内香绵。姚家的焦鱼，一般用不超过五指长的鲜活小鱼，最好的是沙河里的小窜条，去内脏，用清水冲洗干净，再拌入自制的材料，用鸡蛋和面粉勾芡，放入麻油锅，炸到金黄色，捞出即成。

姚氏的焦鱼吃起来脆嫩、香酥。刺和肉一起吃，越吃越香，不扎嘴。姚氏制作莲花豆首选粒饱个大、均匀的好蚕豆，清水泡上一昼夜，用快利的小刀，在蚕豆头划上一刀，把蚕豆皮划割出裂缝，再拌入材料面后放入油锅里炸到蚕豆皮开花，成莲花形，里面的蚕豆瓣金色焦黄，脆嫩香酥，牙咬嘎嘣脆，越嚼越香，是物美价廉的下酒好菜。

绵蚕豆和焦花生

老马名凤池，住旧县北街口。老马的绵蚕豆是旧县独一无二的名优小吃。老马制作的绵蚕豆，首先筛选粒大饱满的好蚕豆，经过清水泡到发胖为止，捞出后放入马家秘配的材料沸水锅里煮至水分全无，蚕豆也熟了，开始蒸焖。直到闻到熟蚕豆的清香味后，再开锅起豆，把蒸煮好的绵蚕豆放入大木盒里到街上叫卖。老马的绵蚕豆吃起来香喷喷、软绵绵、香润可口，营养丰富，是儿童和老年人最爱吃的食品。

马凤池的焦花生是选用旧县当地沙地产的花生，经过筛选、晾晒，然后用颍沙河的细沙炒制。先用中火炒，再改用细火炒，炒时手拿木制的小掀板，不停翻动。炒花生掌握火候极其关键，火大焦糊，火小生硬，老马炒花生全凭经验，他炒出的花生外看白生生，里仁红彤彤，吃着焦脆香甜，冬季胃寒者吃炒花生治胃酸。集上市民坐在茶馆里，几个人买上一二斤花生品茶，吃花生，叙情聊天，惬意极了。

含浆豆腐

豆腐营养丰富，物美价廉，是人们喜爱的食品。豆腐历史悠久，起源于汉代，安徽淮南八公山的豆腐名扬国内外，太和旧县集的含浆豆腐是特种豆腐，与众不同。含浆豆腐用当地的黄豆，经过筛选后，放在水缸内，用清净的冷水根据季节和气温浸泡，直到豆子发胖为止（泡豆子的水面绝不能出现泡沫，如出现泡沫，说明豆子已泡毁了），然后把泡好的豆子放在石磨上，上面吊一瓦罐向下滴注水，磨浆后，放在用纱布专制的晃兜内，经过数遍摇晃，把豆汁起入锅内，先用大火，再改用小火，千万不能让浆溢出。开锅后，用熟石膏粉水注入缸内，右手拿长把勺子不断翻滚，直到浆中出现微小颗粒为止。用缸盖捂上一两个小时，即可上榨，把浆水榨到一定程度即可。旧县含浆豆腐外观黄白色，鲜嫩的豆腐用手一拍，摇摇晃晃，乱颤颤，不硬不软，含浆丰满。旧县含浆豆腐分千层豆腐、豆腐皮和水豆腐。千层豆腐一般作为烩肉、煎炒的配菜。含浆豆腐与肉相炖，加上葱、姜、蒜和调味材料，烩好出锅时，豆腐和肉的香味扑面而来，吃到嘴里，肉肥而不腻，鲜嫩不腥，豆腐软绵入味，美极了。旧县的豆腐皮薄而坚韧，包食盐不会破烂。可与鸡肉、猪、牛、羊肉等配煮，还能卷油条食用。旧县的水豆腐一般都在春季生产，它是椿芽的配物，每逢春季来临，椿芽上市，水豆腐也随之上市。椿芽拌豆腐是一道名菜，这道菜上市时间不长，一般在半月左右，鲜美的椿芽就下市了。用水豆腐打成小块与头茬的黑油椿相拌，放上清香芝麻油或芝麻酱即可。那黑亮亮的油椿和洁白的水豆腐相拌，鲜嫩柔滑，爽口，加上芝麻油的纯香，真是难以形容的美味。

凉粉

孙沟口的凉粉是纯豌豆制作的，经水泡后，用沙河水与泡胖的豌豆，合一起放在小石磨上用手臂摇磨出汁过箩后，取浆在锅内煮，煮浆全凭把握火候，火候不到不成形，火候过大，硬块不可口。孙家的凉粉呈乳白色，浆汁煮到一定时候（全凭经验），取出放入盆内冷却即成。再用长型小刀（卖凉粉专用）切成细长条，放入碗内，浇点芝麻油、芝麻酱、老陈醋、蒜汁、青辣椒等材料，拌匀，吃起来真清爽、滑润、筋道、柔韧，是夏天防暑的上好食品。早在20世纪50年代初，由于旧县的老白果树枝叶繁茂，又是旧县进城的必经之道，路人就在树下歇息。因此，白果树下就有十几家卖凉粉的。春夏季节，人们热得气喘吁吁，买碗凉粉吃，清凉解暑，好吃极了。秋冬季节，凉粉可煎着卖，把凉粉切成半寸见方的薄块，放在平底锅上，用麻油和配制的材料水煎到焦黄色后，热腾腾、香喷喷的，吃着味道鲜美、筋道可口，是老幼、青壮男女的喜爱之食品，也是旧县的传统小吃。

鸭煲

在旧县镇广场对面有家何氏鸭煲店，每日中午、下午食客满座，都是慕名而来。何家鸭煲远近有名，据老板娘介绍，他家的鸭煲首先选用上好的肥老鸭，切块后用开水余一下，去掉血水和浮面脂肪，下入锅内用文火煮焖，只要锅内汤汁小滚即可，再放入适当酱油和葱姜、调料。上好的肥鸭，精密的配料，细火的煮熬、巧妙的制作令何家鸭煲汤汁浓白，鸭肉鲜艳，清香扑鼻，诱发食欲，味道正，口感好，再加入青菜、豆腐、粉丝、鸭血、蘑菇等，真是红黄黑绿白，营养全都来。

硬面卷子馍

旧县西门外三官庙附近有刘、姜、张等家蒸的硬面卷子馍，是正宗的传统馍，此馍是用好麦面经过浮酒（一种米酒，可作酵子）发酵后，兑面摭让而成。面块一直摭让硬后，放在案子上，切成大面块，再用双手搓成长条形，高四指余，宽三指左右，鼓顶，然后用刀切成三指长的四角四棱的馍坯子，放在锅内蒸。此馍与高压蒸馍不同的是，硬面卷子馍是一个摭让大面块，而高庄蒸馍是将馍坯一个一个地揉。硬面卷子馍蒸出来是长方形，有角有棱，吃着劲道，耐嚼，香甜。

回民李天保的绿豆面花卷，也属硬面馍，与上工艺近似，唯有在馍内夹上几层纯绿豆面皮。蒸出来的馍，绿色条纹特别鲜艳，绿豆面的清香味扑鼻，特别好吃。

在西门外小街口，有姚佩香、李广义、许孝清等人蒸的硬面卷子馍，每到上午 10 点后，他们在箩圈上穿铁制的烤馍框，底下放一小火盒，用木柴炭，把馍烤得面面金黄，吃起来外焦里软。乡里人好买个烤卷子馍，揣怀里回去给老人吃。

后语

　　人一老，没事干，就好深思忆往。我常想，人的一生得到的什么是虚有，什么是实有？什么是善，什么是恶？什么是福，什么是祸？财产和名誉，善恶之结果，怎样是值，怎样算不值？人活着的时候，拼搏、勤奋，挣的财物供自己享受，是实有；而名誉则无形无体，是虚有。但是人一口气过不来，死了，所有的财物，包括自己的肉体，都无权支配，不属于自己，转变为虚有。可是你的名誉，则转为实有，它将根据你在世的活动能量，对社会、对人类的奉献和影响范围不同而流传着。如大禹的肉体，现已不存在，可是他的大名，虽过了几千年仍在流传。人们仍知古代有个大禹为民治水，三过家门而不入，是一位英明贤良的君主。这也就成了他无形的实有。

　　人之初，性本善。善出于"公"，善者为民造福，纯善之人就像自然界中的水一样，造福万物，滋润大地，不争高低，不图回报，才能为博大的海洋。这种行为，算得真正的善行。而恶起源于"私"，一个人一有私心，就产生恶念，损人利己是恶的起点，私欲越大，干的恶事就越多、越大。秦始皇统一六国后，在物质上可说是应有尽有，呼风唤雨，达到了登峰造极的地步。但他私欲膨胀，贪图权势，还想长生不老，其结果是在巡游时染上重病，死于途中，给后人留下极奢纵欲、残暴凶狠的帝王形象。

《道德经》中说："祸兮福之所倚，福兮祸之所伏，孰知其极？其无正。正复为奇，善复为妖。人之迷，其日固久……"

我浅显地认为，"祸兮福倚，福兮祸伏"是指不论什么事物，也包括人的地位、权力和名誉，不是永久不变的，而在一定的条件下都会互相转变。正如"塞翁失马"的故事，理性、善意地处理事情，坏事能变好事，粗莽、易怒，往往把好事也办成坏事。

行善在现在和平年代，就是要奉公守法，兢兢业业，勤勤恳恳地为社会、为人类多多付出。按应得到的去享受，才心安理得，终日无忧无虑，身心健康，健康才能长寿。可是有些糊涂之人不知"家有万贯，不过一日三餐"的道理，更不懂"心安茅屋稳"。私欲强的人，无法知道什么是人生，什么是生活，什么是平安是福。人赤条条地来到世界，两手空空地离去，在永恒的自然面前，人不过是世上的一个匆匆过客，生命之舟载不动太多的物欲和虚荣。多余的财富和享受，会拖累人的心灵，多余的脂肪会压迫人的心脏，贪得无厌的追求和幻想会促使你身败名裂，早离人间。一个人不要为私欲殚精竭虑，心力交瘁，人要与世为善，与人为善，才能宠辱不惊。

人老了，有时间回忆往事，回顾一生所见所闻和自己所经历的事，哪些属于善，哪些属于恶，总结善事要传承给后代，恶事要告诫子孙不可为。世上为争夺财产，父子、兄弟、姐妹及亲友打官司、结下仇恨者大有人在。遗产再多，败家之子难守住，还不如传点好家训、家教、家风和正确的道德观、人生观、价值观。告诉后人要堂堂正正做人，规规矩矩办事，对人类、对社会多干点好事、多做点贡献。我们虽不求子孙给我们树碑立传，但也不能让后人因贪赃枉法、草菅人命、坑蒙拐骗、损人利己等坏事遭骂。当然，我们在世也要做个真正的好人，绝不能因不光彩的事，给子孙留下耻辱，要让自己的后代提起上辈时感到光荣。

人在世一定不能见利忘义，为财失德。历史的经验应值得我们注意，认真总结正反的经验，取其精华，去其糟粕，美德和良知，亦要代际传承。

我信奉"夕阳贵似金"，近年来少打麻将，多会友，读书看报看新闻是我每天的必修课，还经常外出旅游，享受天伦之乐。我上过老年大学，学过写诗，有时根据自己了解的情况和认识向政府提点建议，生活不说丰富多彩，但也充实、有趣，感觉不虚度光阴。能动则动，身心健康，精神充实和愉快，这就是晚年的幸福。